Entre el Derecho y la Política

Ensayos sobre la Justicia y las Transformaciones del Derecho en el Siglo XXI

Teresa Maria Geraldes Da Cunha Lopes
(Coordinadora)

Colección "Transformaciones Jurídicas y Sociales en el Siglo XXI", Serie 14 número 3

UMSNH/CIJUS /CAEC Derecho, Estado y Sociedad Democrática

Apoyo del Proyecto CIC 2016/UMSNH

Diciembre 2016

Título:

Entre el Derecho y la Política.

Ensayos sobre la Justicia y las Transformaciones del Derecho en el Siglo XXI

Coordinadores:

Teresa Maria Geraldes Da Cunha Lopes

Edición:

Primera Edición

Fecha de Edición:

14 diciembre 2016

Diseño de Edición:

Pedro Emiliano Rusiles

Colección Transformaciones Jurídicas y Sociales Serie 14 no. 3

Financiamiento Proyecto CIC 2016 /UMSNH

Facultad de Derecho y Ciencias Sociales UMSNH / CAEC Derecho, Estado, Sociedad Democrática

ISBN-13: 978-1499509342

ISBN-10:1499509340

DEDICATORIA

A mi Padre, Álvaro Da Cunha Lopes, modelo de pensamiento y de acción, con quién aprendí el sentido de justicia social, a leer el mundo y a vivir la Historia en el presente. En él vive el espíritu de abril y de la Revolución de los Claveles

A Armindo Ribeiro Mendes, eminente jurisconsulto portugués, una de las mentes jurídicas más brillantes de la segunda mitad del siglo XX, integrante del Primer Tribunal Constitucional en la nueva era democrática portuguesa post Revolución de los Claveles y, que fue uno de los constructores de la fuerza jurisprudencial del TC que abrió Portugal a los nuevos paradigmas del derecho, al cosmopolitismo doctrinal y a la convergencia jurisprudencial, sin los cuales no hubiera podido entrar en la modernidad europea. Con él aprendí a leer a Ulpiano y a Hart, a Cicerón y a Kaufman, a Grocio y a Karl Larenz. Es, siempre será, el mentor y el referente intelectual, del Juez íntegro, del ser humano justo y sencillo.

A Damián Arévalo Orozco, Director de la Facultad de Derecho a quién, en su último año a la cabeza de nuestra bicentenaria Casa de Estudios Jurídicos, quiero expresar mi agradecimiento por su visión y por su apoyo continuo, en particular su empeño por la apertura de la nueva Asignatura curricular "Sistemas Jurídicos Comparados (Comparative Law).

ÍNDICE

Agradecimientos

A mi querida Facultad de Derecho y Ciencias Sociales, al CIJUS y al CAEC Derecho, Estado y Sociedad Democrática debo la posibilidad de poder contar con un espacio en que muchos de los temas tratados aquí, en estilo de ensayo académico y de aporte doctrinal, fueron después trabajados en el espacio del Seminario Permanente Internacional "Transformaciones jurídicas y sociales en el siglo XXI", edición 2016, con el financiamiento del Proyecto CIC 2016.
A los autores que participan en esta obra colctiva -Arturo Mendoza Cortés, Alejandro Díaz Pérez, Armindo Ribeiro Mendes, Jorge Calderón Gamboa , Antonio Delgado García- mi profundo respecto por la calidad de los textos y profundo agradecimiento por aceptaren la invitación del CAEC Derecho, Estado y Sociedad Democrática para colaborar en esta obra colectiva
Gracias.

Capítulo 1 Hacia dónde va el Derecho en el siglo XXI

Arturo Mendoza Cortés[1]

(México)

1. Breve semblanza del derecho penal en el siglo XX.

"La opinión pública, es verdad, protestaba contra el Jurado Popular cada vez que absolvía en los casos más sonados y lo señalaba como una máquina absolvedora de delincuentes"[2]

Sergio CASANUEVA REGUART, citando a Federico SODI, nos señala así, la forma como se veía el proceso penal en los albores de los años treinta del siglo pasado, en que los juicios se resolvían a través del jurado popular, y que a decir de este último autor era una impresión social no muy razonable, pues se formaba de manera exclusiva por las absoluciones que lograban los abogados afamados, sumado a las crónicas exageradas de la prensa, pero ello pareciera no ser así del todo, ya que al finalizar en esa época los juicios orales por jurado, se tuvo un último juicio en que se absolvió a una acusada confesa de su crimen, más inclinado el jurado por su belleza, que por argumentos o motivos realmente jurídicos y que vino a culminar con esa forma de aplicar el derecho.

Un juicio llevado a cabo en la cárcel de Belém, y transmitido además por radio, que despertó pasiones y la curiosidad y el morbo de la

---

[1] Doctor en Derecho. Juez Poder Judicial Estado de Michoacán

[2] CASANUEVA REGUART, Sergio E. *Juicio Oral, Teoría y Práctica,* edit. Porrúa, México, 2009, p. 74.

9

gente capitalina, pues una mujer de destacada belleza, de Miss México pasó a ser auto viuda, y considerada por haber protagonizado los hechos de que fue acusada, como "viuda negra".

Se trata del caso de María Teresa Landa, la primera señorita México en la historia, ganadora en un concurso patrocinado por el periódico "Excélsior", llevado a cabo en la Ciudad de Galvestón Texas, y quien el día 3 de mayo del año 1928, conoció a quien sería su esposo, el General Moisés Vidal, de solo 35 años de edad y que era 17 años mayor que ella, con la cual contrajo nupcias en el mes de septiembre de 1928.

Lo que ella no sabía, era que 5 años antes, en 1923, el General ya había contraído matrimonio con María Teresa Herrejón, en Cosamaloapan, Veracruz, donde tenía establecido su hogar conyugal y tenía dos hijas. Enseguida y por la urgencia de ciertos asuntos, dejó a su esposa con uno de sus hermanos y viajó a México.

Sin embargo, como pasaba el tiempo y ella no tenía noticias suyas, fue en su búsqueda y a su llegada a México, supo la terrible noticia, se encontraba casado con otra mujer, lo que motivó que contratara los servicios de un abogado y lo demandara; ante ello, el General le pidió perdón y le ofreció una pensión y divorciarse de manera voluntaria, pero sin dejar de visitar a sus hijas; promesas que nunca cumplió.

Ante tales eventos, el 25 de agosto de 1929, estando María Teresa en su domicilio, ubicado en el Distrito Federal, y en compañía de su marido, enterada de la traición, en un arranque pasional, tomó la pistola Smith & Wesson propiedad del General, que tenía sobre una mesa de la sala, se apuntó a la sien, con la supuesta intención de suicidarse, provocando que su esposo asustado, tratara de persuadir a su cónyuge que no lo hiciera y al tratar de levantarse del sillón dónde se encontraba, ella le gritó que no se acercara; el General, confundido, le imploró que dejara el arma, momento en el cual, se produjo un primer disparo, seguido de otro y otro más, hasta que vació el cargador en el cuerpo de su marido, ultimándolo con 6 disparos.

Se dice que el juicio fue algo nunca antes visto y que el jurado quedó impresionado ante la presencia, la prestancia y la belleza de la acusada que envuelta en llanto afirmaba que había pretendido matarse, pero en lugar de ello, privó de la vida a su marido, a pesar de que lo adoraba.

Los juicios orales llenos de dramatismo en esa época, se llenaron del que imprimió la entonces llamada "viuda negra", que conmovió materialmente al jurado, y que no obstante las certeras acusaciones de la fiscalía que la consideraban como una mujer sin entrañas, y después de los alegatos y disertaciones de la defensa a cargo de José María Lozano, considerado ilustre tribuno y gran orador de la época, la absolvió y cuya decisión fue recibida con aplausos de los presentes y prácticamente hicieron salir en hombros a la acusada.

Resolución pasional, que no tuvo argumento ni sustento jurídico alguno, pues no existía alguna excluyente de responsabilidad que le favoreciera, ni justificara su conducta. Por lo cual, ese proceso, fue una muestra fehaciente de la sensibilidad del jurado popular, que fue manipulado por la gracia de esa mujer, quien sedujo a sus jueces y además por la hábil retórica, las dotes elocuentes y virtuosismo oratorio de los defensores, llevaron a que se adoptara una decisión más pasional que jurídica.

Fue así, que en el mes de diciembre de 1929, con ese proceso, el jurado popular llegó a su fin.[3]

---

[3] *Ibídem*, pp. 72 y 73.

Morían así los años veinte del siglo pasado y con ellos los juicios orales, en decadencia por la percepción social de impunidad que generaban, por considerar que el jurado popular no cumplía con sus expectativas, que se absolvía sin miramientos en cuanto caso relevante se ponía en sus manos, como pasó con el juicio de María Teresa Landa; esa "maquina absolvedora de delincuentes" no podía seguir más y así concluyó con su misión; y cuatro años más tarde, en el año de 1933 fue demolida la cárcel de Belém, testigo fiel de ese último juicio oral por jurado.

1.1. El Código de Martínez de Castro de 1871

Hablando de juicios orales que tuvieron su fin en el año de 1929, es pertinente también decir, que en esa época se encontraba vigente y era aplicable a esa forma de enjuiciar, el Código Penal para el Distrito Federal y Territorio de la Baja California, sobre Delitos del Fuero Común y para toda la República sobre Delitos contra la Federación, promulgado por Benito Juárez, Presidente Constitucional de los Estados Unidos Mexicanos y que posteriormente sería derogado por el de 30 de septiembre de 1929.

Tuvimos la fortuna hace algunos años, de encontrarnos casualmente con un ejemplar íntegro de dicho código, en un local de venta de libros usados y resulta excepcional y maravillosa su lectura, pues nos transporta a la época en que fue realizado, como si viéramos una película, cada imagen de lo que ocurría entonces pasa por nuestra mente; y lo hace tan excepcional no solo su contenido, que se adelantó por mucho a su propia época, sino el hecho, de que se agrega a él un breve estudio de las leyes penales expedidas en la República antes de la promulgación del Código Penal, y lo más destacado es que contiene la exposición de motivos realizada por el mismo Antonio Martínez de Castro, Presidente de la Comisión encargada de formar el Código.

12

Nos permite ver y conocer los motivos del porqué de las reformas y apreciar hacia dónde se movía el derecho penal de esos tiempos; y comienza diciendo:

"Solamente por una casualidad muy rara podrá suceder que la legislación de un pueblo convenga a otro, según dice Montesquieu; pero puede asegurarse que es absolutamente imposible que ese fenómeno se verifique con una legislación formada en una época remota, porque el solo transcurso del tiempo será entonces causa bastante para que, por buenas que esas leyes hayan sido, dejen de ser adecuadas á la situación del pueblo mismo para quien se dictaron"[4]

Las sociedades evolucionan en costumbres y educación, conductas que antes eran reiteradas ahora no lo son y surgen otras nuevas, capaces de causar daños y perjuicios de un hombre a otro; en estos tiempos en que la tecnología avanza vorazmente se generan conductas que deben ser reguladas y sancionadas por las leyes y es cierto entonces, que unas leyes por buenas que puedan ser para un pueblo, dejan de serlo por el paso del tiempo.

Las condiciones sociales y políticas condicionan también el cambio de las leyes, y el citado MARTÍNEZ DE CASTRO, decía que la anarquía en que en que se encontraban viviendo, había sembrado la desconfianza entre los ciudadanos, engendrando odios y rompiendo los vínculos sociales, siendo causa de que todos se aislaran y no pensaran sino en su interés privado, desentendiéndose del bien general, lo que hacía que no se pudiera restablecer la seguridad pública. Ante la falta de cooperación de los ciudadanos con las autoridades, se hacía necesario que el legislador declarara

---

[4] Código Penal para el Distrito Federal y Territorio de la Baja California, sobre Delitos del Fuero Común y para toda la República sobre Delitos contra la Federación, edit. Herrero Hermanos, Editores, México, 1902, p. 19. (En lo subsecuente Código de Martínez de Castro)

que existía esa obligación y que castigara a quien no cumpliera.

Ese Código Penal, dejó atrás otros códigos y leyes españolas que se aplicaban a la sociedad de esa época, y que habían estado vigentes por aproximadamente tres siglos posteriores a la conquista española desde 1520 y hasta la independencia de nuestro país en 1821; sentó las bases en muchos aspectos que incluso hasta ahora se siguen aplicando o que se contienen en nuestros códigos aún vigentes.

Hablamos por ejemplo de la reincidencia, sobre la cual MARTÍNEZ DE CASTRO decía que la justicia y el interés social exigía que se castigara con mayor severidad al que reincidiera, porque la repetición del delito mostraba no solo mayor perversidad y audacia en el delincuente, sino también porque éste acreditaba con su proceder que el castigo que antes se le había impuesto, no resultaba suficiente para reprimirlo y porque era mayor la alarma que ocasionaba a la sociedad y por ello se hacía merecedor a una pena más ejemplar y de mayor eficacia. Admitiendo además que la mala conducta anterior del sentenciado era razón suficiente para que se le incrementara la pena, circunstancia considerada como agravante, y no se podía desatender cuando estuviera plenamente probada por sentencia anterior.[5]

El artículo 20 del Código Penal del Estado de Michoacán, expedido por decreto 186 y vigente a partir del 15 de agosto de 1980, señala que será reincidente quien cometa un delito después de haber sido condenado por sentencia ejecutoria;[6] requiriéndose también de una sentencia que acredite la reincidencia, con la salvedad que ahora se especifica que deberá ser

---

[5] *Ibídem*, pp. 26 y 27.

[6] *Cfr.* Art. 20 del Código Penal de Michoacán, expedido mediante decreto 186, y vigente a partir del 15 de agosto de 1980, edit. Jurídico Noble Editor, Puebla, Puebla, 2012, p. 7.

ejecutoriada, y cambió la percepción que se tenía en aquélla época, de castigar con mayor severidad al reincidente y agravar la pena, pues al respecto el artículo 65 del CPEM, señala que se tomará en cuenta en la individualización judicial de la pena, el otorgamiento o no de beneficios o sustitutivos, pero que solo se impondrá la pena que corresponda al delito que se juzga;[7] es decir, la ley no permite que se incremente o agrave la pena por el solo hecho de que el sentenciado sea reincidente, pues no debe sancionársele nuevamente por hechos pasados, sino imponer solamente la pena del delito por el cual es juzgado, pues en caso contrario sería castigado nuevamente por un hecho por el cual ya cumplió su condena; vemos así la transición que han tenido en el tiempo figuras como esa.

Entre otras cosas habla de la amonestación en sentencia, de la extinción de la acción penal, la responsabilidad civil en materia criminal, circunstancias que excluyen la responsabilidad, atenuantes y agravantes, responsables de los delitos, de la prisión y la pena capital, reglas generales sobre la aplicación de las demás penas, como las aplicables a los delitos de culpa, por conato, delito frustrado y delito consumado, aplicación de las penas a los cómplices y encubridores, entre otros conceptos, que sería largo poder tratar en estos momentos, pero muchos de ellos si bien se han ido modificando, permanecen aún en los Códigos actuales, al igual que muchos delitos que ahí se exponen, en tanto que otros han quedado atrás como delitos de asentistas y proveedores, atentados contra las garantías constitucionales, delitos contra el derecho de gentes, vagancia y mendicidad, este último vigente todavía hasta los años ochentas en nuestra legislación penal, portación de armas prohibidas en el fuero común, que apenas en

---

[7] *Cfr.* Art. 165 CPEM. p. 21

estas fechas ha desaparecido de nuestro código penal, algunas de esas conductas permanecen con variaciones y que evidente es, se han ido adecuando a la realidad y necesidades sociales.

Un aspecto muy importante tocado en ese Código es lo relativo a la pena de muerte, pues la comisión redactora decidió que hasta esos momentos no podía ser todavía abolida; Martínez de Castro, señalaba que los demás miembros de la comisión decididamente estaban de acuerdo en abolirla y que sólo él sostenía que debía permanecer, a no haber manifestado el Supremo Gobierno, por conducto del Ministerio de Justicia, que adoptaban su opinión; que como ellos veía con horror el derramamiento de sangre humana y anhelaba como ellos que desaparecieran tales suplicios sangrientos, pero a su juicio aún no llegaba el día anhelado y consideraba que se tenía que trabajar arduamente hasta hacer innecesaria la pena capital;[8]pena esta que quedaría abolida casi a la par de los juicios orales, a finales de los años veinte y principios de los treinta.

1.2. El Código de Almaraz de 1929.

Don Emilio Portes Gil, Presidente Interino de México, trataba de buena fe de calmar el griterío del público ante cada ruidosa absolución del Jurado Popular y expidió nuevos códigos penal y de procedimientos penales; pero el Código de 1929, conocido como Código de Almaraz, y el procesal, se lanzaron sin ponerlos en consideración y discusión de aquellos cuerpos técnicos extraoficiales que pudieron haber intervenido en su creación, como asociaciones de abogados, sociólogos, psiquiatras y abogados penalistas; y en cambio, se mantuvo en el secreto del laboratorio y

---

Código de Martínez de Castro, pp. 44 y 45.

luego para anunciarlo, hicieron sonar fanfarrias clamorosas indicando que su contenido era el hallazgo del remedio traumatúrgico de todo cuanto mal enfermaba a la justicia mexicana; siendo así, como el Código de Almaraz, llegaba a dinamitar el maravilloso Código de Martínez de Castro de 1871, que se había adelantado a múltiples problemas penales surgidos a nivel mundial por el avance de la civilización durante su vigencia.

No obstante, el Código de Almaraz, tuvo una vida efímera y solamente estuvo vigente aproximadamente un año, pues fue relevado de manera angustiosa por el Código de 1931, ello porque era totalmente contradictorio y repetitivo.

El Presidente Portes Gil, antes de disolver el jurado popular, decretó una ley de perdón para centenares de presos que compurgaban largas penas de prisión y que el Jurado había condenado.

Y se suprimió la pena de muerte, cuyo problema era tan profundo para el espíritu humano, además de que dicha pena había caído en el olvido.[9]

Al momento de redactarse el anterior Código Penal por la comisión que presidió el Lic. Antonio Martínez de Castro, se consideraba hasta entonces, que seguía siendo necesaria la pena capital por los hechos sangrientos que ocurrían en esa época y que no era el momento en que podía ser abolida; se quería evitar la repetición de delitos y que se cometieran otros, que la misma fuera ejemplar y que se aplicara a los delitos de más gravedad, y que nadie podría tachar de injusto el privar de la vida al que consumó un asesinato con premeditación, alevosía y ventaja por ejemplo; no se estimaba inconveniente alguno en que se decapitara a un reo cuando existiera la certeza de que él cometió el crimen de que era acusado,

---

[9] CASANUEVA REGUART, Sergio E., *ob. cit.* pp. 75 y 76.

sino que el problema estaría en condenarlo a muerte en caso contrario, es decir, cuando fuera inocente, por ello proponía se tomara con mucha mesura lo anterior y que no debía apresurarse el día en que debía abolirse dicha pena,[10] lo cual ocurrió apenas unos 60 años después aproximadamente, por haber caído también en desuso, como lo hemos mencionado.

2. El jurado popular en el Código de Procedimientos Penales de Michoacán.

Decíamos que el juicio oral había muerto en México con el juicio de Maraía Teresa Landa, ¿pero en realidad fue así?, legislaciones procesales como la de Michoacán vigente todavía para el sistema tradicional de justicia, siguieron regulando el juicio oral por jurados, que si bien en completo desuso, permanecieron allí esperando una oportunidad.

Es importante decir, que el Código de Procedimientos Penales de Michoacán, contemplaba el juicio oral por jurados y ante un juez, con desahogo de pruebas ante ellos, formulación de alegatos y objeciones por la partes, hasta llegar al pronunciamiento y lectura de sentencia entre otras actuaciones; ese procedimiento lo encontramos en dicho ordenamiento legal, bajo un capítulo denominado *"Procedimiento relativo al jurado popular"*, que comprende desde el artículo 371 al 424.

Estas regulaciones jurídicas cayeron en total desuso, no se volvió a celebrar juicio alguno bajo estos preceptos legales y finalmente fueron abrogadas por el Código Nacional de Procedimientos Penales[11], que regula

---

[10] Código de Martínez de Castro, pp. 46 y 47.

[11] En la actualidad rigen a la par en Michoacán dos sistemas de enjuiciamiento, uno inquisitivo mixto, que ha sido llamado sistema tradicional de justicia y otro acusatorio y oral;

el nuevo sistema acusatorio oral y que contempla como una de sus etapas más importantes el juicio oral, al ser considerada incluso como la fase estelar del procedimiento, porque en ella se verifican los alegatos de las partes, se desahoga toda la prueba y se dicta la sentencia, a lo cual nos referiremos más adelante con detalle.

Sin embargo, estas disposiciones ya históricas, nos dan la pauta para saber hacia dónde va el derecho, sobre todo en materia procesal penal que es motivo de nuestro análisis, al marcar el tránsito del sistema de enjuiciamiento penal a través de los años.

2.1. El procedimiento del jurado popular en Michoacán.

En dicha codificación del estado de Michoacán, como ya dijimos encontramos un capítulo denominado *"Procedimiento relativo al jurado popular"*, que comprende desde el artículo 371 al 424, en ellos se establece la misión y composición del jurado, que estará integrado por siete individuos en la capital y cinco en los distritos; y a su vez, se dispone una competencia muy mesurada y limitada a unos pocos delitos, que son los cometidos por medio de la prensa contra el orden público o la seguridad interior del Estado.

---

para el primero, aun se encuentra vigente el Código de Procedimientos Penales de Michoacán, de 31 de agosto de 1998, que regula el juicio oral por jurados, sin embargo, las disposiciones que reglamentan este tipo de juicios ya no podrán ser aplicadas, dado que surgió el Código Nacional de Procedimientos Penales, publicado en el Diario Oficial de la federación el 5 de marzo del 2014, que abroga el Código Federal de Procedimientos Penales publicado en ese mismo medio el 30 de agosto de 1934 y los de las entidades federativas, estableciendo en su artículo Tercero transitorio, que estos quedarán abrogados para efectos de su aplicación en los procedimientos penales que inicien a partir de la entrada en vigor del CNPP, y que aquellos que se encuentren en trámite, continuarán sustanciándose con la legislación aplicable al momento de su inicio. De tal manera que si se cometiere algún delito que antes debiera ser juzgado por el jurado popular, este tendría ya que ser sometido a la reglamentación del sistema penal acusatorio y el CNPP, y no al CPPM.

2.1.1. La elección de los jurados y su recusación.

Se regula acerca de quienes tienen el deber de ser jurados, sus dispensas y obligaciones, la insaculación y sorteo de los jurados, el cual deberá hacerse en público, tres días antes de la audiencia final, los que podrán incluso ser recusados sin expresión de causa; disposición que aparenta transparentar el procedimiento de elección de los jurados al señalar que el sorteo se hará en público, es decir, ante la vista de la sociedad, representada por quienes acudan a presenciar el sorteo y también ante la presencia del juez, su secretario, el Ministerio Público, el acusado y su defensor; pero totalmente contradictoria al permitir que quien resulte elegido pueda ser recusado sin exponer los motivos de ello y establecer además que los recusados, que podrán ser tres, serán sustituidos inmediatamente en el mismo sorteo.

Disposición que parecería estar más plagada de parcialidad que otra cosa, por simular un sorteo público y a su vez permitir la elección a capricho de quienes podrán intervenir como jurados en el juicio, ya que incluso, más adelante se regula nuevamente el derecho de las partes para excluir jurados cuando antes no lo hubieren manifestado.

2.1.2. La inmediación en el juicio por jurado.

Así mismo, señala las personas que están obligadas a asistir a la audiencia final, como son, el juez del proceso, quien será el presidente de debates, su secretario, el Ministerio Público, el acusado, su defensor y los jurados designados por la suerte. Aquí se hace presente el principio de inmediación en que el juez debe presidir la audiencia y el desahogo de las pruebas en presencia de las partes, siendo necesaria la presencia de todos ellos; este principio en la actualidad tiene el alcance de que el juez esté presente en las audiencias y no pueda delegar sus atribuciones en algún secretario u otro funcionario, sino que, de manera directa debe actuar, regulando el debate y el actuar de los intervinientes y presenciar cuanta prueba se verifique en las audiencias, debiendo estar presentes tanto el juez, el Ministerio Público, el defensor, el acusado y en su caso la víctima u ofendido, salvo las excepciones marcadas en la ley para estos últimos.

La necesidad de observar este principio conlleva la presencia ininterrumpida de las partes en las audiencias, con el propósito de que se tome conocimiento del asunto de manera directa, en especial por parte del juez, sin funcionarios intermediarios y cuyo objeto recae tanto en los argumentos de las partes, como en la verificación de las pruebas; percibiendo así, el lenguaje oral y corporal de las partes y testigos, con el propósito de llegar a decidir de manera razonada apoyado en las impresiones que reciba.[12]

Con ello vemos similitudes en el juicio por jurados y el actual proceso acusatorio, que solo trasciende por nacer en épocas distintas y que sin embargo, son maneras similares de aplicar el derecho, separado solamente por algunas décadas de aplicación de un sistema judicial escrito de manera predominante.

2.1.3. Presencia de testigos y peritos.

En el juicio por jurados que se analiza, se debe verificar la presencia de los testigos y peritos, si todos estuvieren presentes o se hubiese declarado que a pesar de faltar alguno de ellos puede celebrarse la audiencia, estando completo el número de jurados, el presidente de debates les tomará protesta a estos, de la siguiente forma *"¿Protestais desempeñar las funciones de*

---

[12] REYES LOAEZA, Jahaziel, El sistema acusatorio adversarial, a la luz de la reforma constitucional, edit. Porrúa, México, 2012, p. 16.

jurado, sin odio ni temor y decidir según apreciéis en vuestra conciencia y en vuestra interna convicción, los cargos y medios de defensa, obrando en todo con imparcialidad y firmeza?". Y llamados en lo individual deberán contestar *"Sí protesto"*[13]

Similar situación ocurre en el nuevo sistema de justicia en que debe verificarse en audiencia de debate la presencia de testigos y peritos y faltando alguno de ellos, consentido que fuera por la parte que deba presentarlo o lo haya ofrecido, podrá celebrarse el juicio; a diferencia de la última parte referente a la toma de protesta del jurado, no obstante lo cual, la redacción del Código en cuanto a la protesta que debe ser tomada, nos revela francamente que la conservación del jurado popular en el código procedimental, proviene de épocas remotas, dado el lenguaje en que está concebido.

2.1.4. Desahogo de pruebas.

Posteriormente se debe llevar a cabo la lectura de constancias por parte del secretario de las que el presidente de debates considera o de las que estimen las partes y seguido a ello, se producirá el desahogo de pruebas, llevándose a cabo el interrogatorio de peritos o testigos, y del acusado, concediendo la ley esa facultad al Ministerio Público, la defensa, el acusado si lo pidiere y los jurados, evitando estos de manera cuidadosa que se evidencie su opinión.

Se pretende con ello según la ley, llegar al esclarecimiento de la verdad.[14]

La confronta con el sistema penal acusatorio actual, nos determina

---

[13] *Cfr.* Art. 394 del Código de Procedimientos Penales del Estado de Michoacán, de 31 de agosto de 1998.

[14] *Cfr.* Art. 397 del CPPM de 31 de agosto de 1998.

similitud en cuanto al interrogatorio que puede ser formulado a testigos, peritos y acusado, ello por parte del Ministerio Público, la defensa y cuando el acusado quiera interrogar a aquellos, pero con la limitante de que el juez tiene vedado ahora hacer interrogatorio, y solo puede hacer preguntas aclaratorias, ya que, las preguntas que haga en relación a los hechos imputados, genera prueba y ello corresponde solamente a las partes, en ejercicio del principio de contradicción, dado el control horizontal de las partes en que cada una de ellas puede contradecir los argumentos y la prueba de la contraria;[15] a diferencia de que el jurado popular en aquél procedimiento sí puede interrogar.

2.1.5. Alegatos y conclusiones del Ministerio Público.

Una vez que ha concluido el interrogatorio de testigos, peritos y acusado, los careos y demás pruebas, corresponde al Ministerio Público efectuar verbalmente sus alegatos y conclusiones, los cuales deben reducirse a una exposición clara y metódica de los hechos que se atribuyen al acusado y de las pruebas rendidas, imponiéndose la prohibición de referirse a la sanción que pueda ser aplicada, ni a leyes, ejecutorias, doctrinas ni opiniones jurídicas de ninguna especie[16].

Lo cual podría ser entendible si consideramos que quien habrá de recibir la información será el jurado, ciudadanos comunes que no conocerán de cuestiones jurídicas, será entonces el juez o presidente de debates quien considerará las cuestiones jurídicas para la imposición de las

---

[15] Art. 6º del Código Nacional de Procedimientos Penales: Las partes podrán conocer, controvertir o confrontar los medios de prueba, así como oponerse a las peticiones y alegatos de la otra parte, salvo lo previsto en este Código.

[16] *Cfr. Art. 398* del CPPEM de 31 de agosto de 1998.

penas, acreditación del tipo penal y responsabilidad de los autores.

Además, el Ministerio Púbico debe sostener las mismas conclusiones formuladas en el proceso, sin poder hacerles modificación alguna, alegar otras o retirarlas, sino por causa superviniente y suficiente; restricción que le impone la ley para ceñirse en su caso a las conclusiones que ya hubiere formulado y por ello debía ser sumamente cuidadoso en su argumentación.

2.1.6. Alegatos de la defensa.

Una vez que el Ministerio Público hubiera concluido con sus alegatos, el defensor debía formular los suyos ajustándose a las reglas que para ello se fijaron a la representación social, con la salvedad que éste sí podía cambiar o retirar libremente sus conclusiones, sin restricción alguna.

Esto último evidentemente en menoscabo de una de las partes, pues no eran consideradas iguales ante la ley por no tener a su alcance las mismas oportunidades en el ejercicio de sus derechos; ni tenían el mismo trato para sostener la acusación o la defensa según correspondiera; estos parámetros se han ido modificando y adecuando a la realidad social y jurídica de nuestra época, pues se ha logrado regular tanto la igualdad ante la ley,[17] como la

---

[17] Código Nacional de Procedimientos Penales. Artículo 10. *Principio de igualdad ante la ley.* Todas las personas que intervengan en el procedimiento penal recibirán el mismo trato y tendrán las mismas oportunidades para sostener la acusación o la defensa. No se admitirá discriminación motivada por origen étnico o nacional, género, edad, discapacidad, condición social, condición de salud, religión, opinión, preferencia sexual, estado civil o cualquier otra que atente contra la dignidad humana y tenga por objeto anular o menoscabar los derechos y las libertades de las personas.

Las autoridades velarán porque las personas en las condiciones o circunstancias señaladas en el párrafo anterior, sean atendidas a fin de garantizar la igualdad sobre la base de la equidad en el ejercicio de sus derechos. En el caso de las personas con discapacidad, deberán preverse ajustes razonables al procedimiento cuando se requiera.

igualdad entre las partes,[18] para darles mayor oportunidad dentro de los procedimientos penales, para sostener cada una de ellas sus pretensiones jurídicas.

Así, por ejemplo, en el nuevo proceso penal acusatorio, el acusado debe contar con un defensor titulado y con cédula profesional, para garantizar una adecuada defensa, el cual deberá ser elegido libremente por aquél y ante su omisión o negativa le será nombrado por el tribunal; defensa técnica que además es irrenunciable; en tanto que, la víctima u ofendido, además de la representación que pueda tener por parte del Ministerio Público, debe contar con un asesor jurídico con las mismas características del defensor, para que, en igualdad de condiciones puedan ejercer sus derechos; ello sin pasar por alto que el nuevo sistema de enjuiciamiento se amplió a todo tipo de delitos a diferencia del citado juicio oral por jurados que era muy limitado en ese aspecto.

Lo anterior nos muestra hacia dónde va caminando el derecho; hacia un ámbito totalmente igualitario de quienes intervienen en el proceso, no es ya una preferencia o parcialidad hacia alguna de las partes y al olvido o restricción de la otra en el ejercicio de sus derechos; la ley contempla con mayor rigor que nunca, el respeto a la igualdad de las partes.

2.1.7. Deliberación del jurado.

Pasando por otros actos procesales, que por razón de espacio no podríamos describir detalladamente aquí, nos encontramos ante la deliberación del jurado, y este se da posterior al desahogo de las pruebas y a

---

[18] Código Nacional de Procedimientos Penales. Artículo 11. *Principio de igualdad entre las partes.* Se garantiza a las partes, en condiciones de igualdad, el pleno e irrestricto ejercicio de los derechos previstos en la Constitución, los Tratados y las leyes que de ellos emanen.

la formulación de los alegatos, incluido el interrogatorio al jurado; el presidente de debates entregará el proceso e interrogatorio al jurado de mayor edad, quien fungirá como presidente del jurado y suspendida la audiencia, los jurados deberán pasar a la sala de deliberaciones, sin que puedan salir de ella, ni mantener alguna comunicación con las personas del exterior hasta que hayan firmado el veredicto respectivo.

Será entonces el jurado, quienes después de analizar lo acontecido en el juicio, examinar la impresión que les produzcan las pruebas rendidas a favor y en contra del acusado y haber discutido el interrogatorio, que tomarán la decisión final sobre la absolución o condena del acusado, tomando en cuenta la íntima convicción de que el acusado cometió o no el hecho que se le imputa.

2.1.8. Entrega del veredicto.

Una vez discutido el interrogatorio, procederán a votar en los términos fijados por la ley, posteriormente y una vez firmado el veredicto, pasarán los jurados a la sala de audiencias y el presidente lo entregará junto con el proceso al presidente de debates, para que dé lectura en voz alta al veredicto.

2.1.9. Pronunciamiento de la sentencia.

Después de emitido el veredicto, y abierta la audiencia el presidente de debates concederá la palabra al Ministerio Público y enseguida a la defensa para que aleguen lo que crean pertinente, fundando ahora sí sus peticiones, en las leyes, ejecutorias y doctrina que estimaren aplicable; y concluido ese debate, el juez procederá a dictar la sentencia respectiva.

Y si la misma es absolutoria, traerá aparejada la libertad del acusado, si es que no se encuentra detenido por motivo diverso, es decir, por algún otro proceso, que impida dejarlo en libertad.

Bajo esa tesitura es que existe la regulación legal del jurado popular en el Código Procesal Penal de Michoacán, y que nos deja la lectura de que los juicios orales no habían sido abandonados, sino que permanecieron ahí por largos años, esperando la posibilidad de ser aplicados, sin que ello ocurriera, transitando así el derecho, bajo diversas legislaciones y formas de aplicarlo, hasta llegar a nuestros días, en que son retomados nuevamente bajo un sistema acusatorio y oral.

Nos damos cuenta así, que los juicios orales no son propios de la actualidad, sino que, en nuestro país ya se habían llevado a cabo, incluso con mucha similitud que los de ahora, en los primeros años del siglo XX, y que posterior a ello, la legislación procesal de la materia en el Estado de Michoacán los tenía regulados, pero en total desuso, dada la realidad social imperante hasta ahora.

Y vemos además, que todavía persiste un sistema eminentemente escrito, que si bien con ciertos matices de oralidad, es considerado como inquisitivo mixto y que convive a la par con un nuevo sistema de justicia penal acusatorio, implementado ya en todo el país.

3. El sistema inquisitivo mixto en México.

Posterior a que se celebró el último juicio oral en México, la forma de procurar y administrar justicia tuvo un cambio radical, se estableció un juicio que era eminentemente escrito, pero las complicaciones eran muchas, y una de ellas era que tenía rasgos inquisitorios.

Ese tipo de enjuiciamiento ha regido hasta la actualidad y ha sido modificado por las actuales reformas en materia de derechos humanos, amparo y sistema acusatorio, tratando de lograr un beneficio de los justiciables, al dar celeridad en los procedimientos, e incorporar salidas

27

alternas al juicio y privilegiando entre otras cosas los acuerdos reparatorios a base de mediación y conciliación entre el imputado y la víctima u ofendido; estas cuestiones que son propias del sistema acusatorio, han permeado el sistema inquisitivo mixto y son aplicables a éste desde el año 2012, haciendo incluso un sistema de enjuiciamiento totalmente híbrido, más mixto que nunca, dando paso a nuevas formas de procurar y administrar justicia.

Es importante describir esta forma de administrar justicia y me refiero al sistema inquisitivo mixto porque nos permite conocer cuál ha sido el tránsito a través de los años del derecho penal y procesal penal; el mismo ha sido la pausa entre los juicios orales que se aplicaban a principios del siglo pasado y que siguieron siendo regulados hasta ahora bajo el jurado popular, pero que, como ya se dijo cayeron en desuso; hasta llegar en la actualidad nuevamente a la transición entre el sistema inquisitivo a uno acusatorio y oral, nuevamente, los juicios orales.

3.1. La defensa técnica.

De tal manera que a partir de 1930, se estableció un nuevo sistema de enjuiciamiento –el escrito o inquisitivo mixto– que en cierta manera se consideraba perjudicial para quienes se veían involucrados en un proceso penal, sobre todo por lo tardado de los juicios y por la forma de concebir y valorar las pruebas, que llevaban a que los acusados prácticamente no tuvieran oportunidad de defensa, y eran defendidos a veces por personas de confianza, o abogados con casi nulos o de plano nulos conocimientos en la materia, salvo buenas excepciones, lo cual en la actualidad ha sido superado al establecerse la defensa técnica e irrenunciable, que debe ser ejercida por abogado titulado, con cédula profesional.

La defensa de los acusados en el sistema inquisitivo mixto, tenía muchas complicaciones, pues en primer lugar, la averiguación previa era llevada casi en secreto ante el Ministerio Público y el acusado se enteraba muchas veces de que había sido investigado, hasta que se encontraba detenido y a disposición de un juez que había dictado en su contra una orden de aprehensión, de tal manera que no tenía la posibilidad de defensa ante el órgano investigador.

Y una vez que era sujetado a plazo constitucional, se le tomaba su declaración preparatoria, indicándole que debía declarar en descargo de la acusación, haciéndole casi nugatorio el derecho a no declarar y guardar silencio e inclusive, previo a que declarara no se le permitía tener comunicación con su defensor, sino hasta que hubiere rendido declaración.

Todo esto iba encaminando el proceso de facto a una sentencia de condena y por ello era indispensable el asesoramiento de los mismos parte de un defensor con conocimientos técnicos especializados, que fuera docto en la materia y por ello, resulta trascendente el avance que tuvo el derecho al fijar los parámetros para una defensa técnica e irrenunciable; así el acusado debe nombrar un defensor que lo asista durante todo el proceso, si no quiere o se niega a hacerlo, el tribunal debe nombrarle un defensor de oficio o público, y es irrenunciable porque con esa determinación se protege el derecho a una adecuada defensa, no se le deja desprotegido contra los actos del acusador o Ministerio Público, que sí es abogado titulado, protegiéndose incluso, la igualdad procesal entre las partes.

PASTRANA BERDEJO Y BENAVENTE CHORRES, comentan al respecto, que se hizo imprescindible un juicio previo que fuera tramitado de acuerdo a pautas legales que garantizaran la libertad y la defensa; y por tanto, se prohibió toda coacción contra el imputado, por considerársele sujeto de derechos y debe encontrarse en el proceso en situación de igualdad con la parte acusadora; así, en el caso de que el imputado no pueda o no desee nombrar un defensor de su confianza, el Estado cuenta con el deber de designarle de oficio un defensor.[19]

3.2. El monopolio de la acción penal.

El Ministerio Público tuvo por muchos años el monopolio de la acción penal, pues esa facultad siempre le fue concedida incluso a rango constitucional, nadie más tenía a su cargo dicha facultad, y por ende, tampoco la averiguación de los delitos, de acuerdo al texto del artículo 21 de la Constitución Política de los Estados Unidos Mexicanos, antes de la reforma del 2008, que señala "[…] La investigación y persecución de los delitos incumbe al Ministerio Público, el cual se auxiliará con una policía que estará bajo su autoridad y mando inmediato. […]"[20]

Javier DONDÉ, citando a Burgoa, nos dice que el artículo 21 Constitucional antes de la reforma del 2008, contenía una doble garantía y que el monopolio de la acción penal por parte del Ministerio Público era una medida pensada de manera original para eliminar la figura del juez de instrucción, y con ello la autoridad judicial quedaba restringida en sus funciones hasta en tanto el representante social no presentara la acusación correspondiente;[21] el juez de instrucción era aquel que tenía a su cargo la

---

[19] PATRANA BERDEJO, Juan David/BENAVENTE CHORRES, Hesbert, *Implementación del proceso penal acusatorio adversarial en Latinoamérica,* edit. Flores Editor y Distribuidor, México, 2009, P. 10

[20] Constitución Política de los Estados Unidos Mexicanos.

[21] DONDÉ Javier, *Comentarios al artículo 21 de la Constitución Política de los Estados Unidos Mexicanos: investigación del Ministerio Público y derecho de acceso a la justicia.* Instituto de Investigaciones Jurídicas, Suprema Corte de Justicia de la Nación, Fundación Konrad Adenauer, 2013, p. 9. Consultado en línea en:

http://wwwarchivos.juridicas.unam.mx/www/bjv/libros/8/3568/31.pdf   Accedido: 11.01.17

investigación de los delitos, acusar, procesar a los delincuentes y sentenciarlos, de ahí que, se limitaran esas funciones cediendo al Ministerio Público las facultades de investigación y persecución de los delitos, así como el ejercicio de la acción penal.

Respecto a lo anterior, Miguel CARBONELL y Enrique OCHOA, señalan que el primer elemento característico de un sistema penal inquisitivo es que las funciones de investigar, acusar y juzgar se encuentran concentradas en una misma autoridad –juez de Instrucción–, y que ello pudiera dar lugar a múltiples problemas al momento de administrar justicia, en virtud a la ausencia de contrapesos, reduciéndose la posibilidad de que dicha autoridad durante el desempeño de tales roles, distintos entre sí, pueda actuar de una forma imparcial y además objetiva;[22] no obstante lo citado por dichos autores, el juez de instrucción no existe en nuestra legislación actual, pues ya perdura desde hace muchos años la separación de funciones entre el Ministerio Público y el Juez; a diferencia de otros países como Chile, que a partir del 2007 se creó la figura del Ministerio Público y desapareció el juez de instrucción, para dar paso a la reforma del sistema acusatorio, dejando atrás al sistema inquisitivo.

En México, ese tipo de jueces regía todavía a principios del siglo pasado, y así lo podemos ver en el Diario de los Debates del Congreso Constituyente de los Estados Unidos Mexicanos de 1916, al presentarse el proyecto de Constitución reformada, y cuya sesión única, se celebró el día viernes 1º de diciembre de ese año, en el Teatro Iturbide, en Querétaro, y en la cual, al hacer uso de la palabra el Primer Jefe del Ejército Constitucionalista, Encargado del Poder Ejecutivo de la Unión, Don

---

[22] CARBONELL, Miguel/OCHOA REZA, Enrique. *¿Qué son y para qué sirven los juicios orales?*, edit. Porrúa, cuarta edición, México, 2009, p. 29.

Venustiano Carranza, señaló en la exposición de motivos del proyecto de reforma indicado, que una de las más grandes satisfacciones que había tenido hasta ese día, era cumplir la promesa que había hecho en nombre de la revolución, en la Ciudad de Veracruz, al pueblo mexicano, y que era entregar el proyecto de Constitución reformada, que contenía todas las reformas políticas que la experiencia y la observación atenta y detenida, le habían sugerido como indispensables para poder cimentar sobre bases sólidas las instituciones, al amparo de las cuales la nación debía laborar por su prosperidad, encausando su marcha hacia el progreso por la senda de la libertad y del derecho, destacando de entre dichas reformas propuestas lo siguiente:

"Los jueces mexicanos han sido, durante el período corrido desde la consumación de la Independencia hasta hoy, iguales a los jueces de la época colonial: ellos son los encargados de averiguar los delitos y buscar las pruebas, a cuyo efecto siempre se han considerado autorizados a emprender verdaderos asaltos contra los reos, para obligarlos a confesar, lo que sin duda alguna desnaturaliza las funciones de la judicatura.

La sociedad entera recuerda horrorizada los atentados cometidos por jueces que, ansiosos de renombre, veían con positiva fruición que llegase a sus manos un proceso que les permitiera desplegar un sistema completo de opresión, en muchos casos contra personas inocentes, y en otros contra la tranquilidad y el honor de las familias, no respetando, en sus inquisiciones, ni las barreras mismas que terminantemente establecía la ley.

La misma organización del Ministerio Público, a la vez que evitará ese sistema procesal tan vicioso, restituyendo a los jueces toda la dignidad y toda la respetabilidad de la magistratura, dará al Ministerio Público toda la importancia que le corresponde, dejando exclusivamente a su cargo la persecución de los delitos, la busca de los elementos de convicción, que ya no se hará por procedimientos atentatorios y reprobados, y la aprehensión de los delincuentes.'[23]

La reforma propuesta por Venustiano Carranza, Primer Jefe del Ejército Constitucionalista, Encargado del Poder Ejecutivo de la Unión, nos deja ver de manera plausible la posibilidad de separar verdaderamente las funciones que hasta esos momentos venían desempeñando los jueces, de investigar, acusar y juzgar; lo cual permitiría según la propuesta, regresar a los jueces la dignidad y la respetabilidad que implica la magistratura y permitir que el Ministerio Público adoptado ya en esos momentos en las leyes tanto federales como locales, pero con funciones meramente decorativas —según se lee en el propio Diario de Debates— tuviera exclusivamente a su cargo la persecución de los delitos, es decir, el monopolio de la acción penal.

3.3. Etapas del sistema inquisitivo mixto.

El sistema inquisitivo mixto se conforma de varias etapas, como casi cualquier sistema judicial que comprende la investigación de los delitos, la consignación ante los tribunales, la investigación, pre instrucción, la instrucción, los alegatos y la sentencia. Sin embargo, por cuestión de espacio no se analizarán cada una de ellas y en cambio se retomará el tema de la averiguación previa, dado el impacto que ha tenido en los procesos del sistema tradicional de justicia.

---

[23] Diario de los Debates del Congreso Constituyente, Tomo I, Núm. 12, Querétaro, 1° de diciembre de 1916, p. 264. Consultable en:

http://www.diputados.gob.mx/LeyesBiblio/ref/cpeum/Proy_CPEUM_expmot_01dic1916.pdf

Accedido: 11.01.17

3.4. La averiguación previa.

En este sistema de enjuiciamiento, la averiguación previa jugó y lo sigue haciendo, una de las más relevantes maneras de investigación de los delitos; en esta época si bien, todavía se aplica esta forma de procurar la justicia, cada vez queda más en desuso, por la implementación de los juicios orales que vienen a relevar ese sistema de enjuiciamiento.

Sobre la fase de averiguación previa Sergio CASANUEVA REGUART, explica que es la fase de preparación del ejercicio de la acción penal que está a cargo del Ministerio Público, y cuyo objeto es practicar todas aquellas actuaciones tendientes a acreditar el cuerpo del delito y la probable responsabilidad penal del indiciado, con la finalidad de acudir ante los tribunales y que para poder integrar esta primera parte del proceso penal, el Ministerio Público lleva a cabo sus atribuciones investigadora y persecutora, auxiliado por la policía judicial o ministerial, que actúa indefectiblemente bajo las órdenes de aquél por disposición constitucional.[24]

En efecto, el Ministerio Público, llevaba a cabo la integración de una averiguación previa, totalmente escrita y secreta, en la cual integraba cada una de las pruebas que le servirían de base para ejercitar la acción penal ante los tribunales; tomaba declaraciones de testigos, recababa cualquier prueba documental, realizaba inspección del lugar de los hechos, confrontaciones y cualquier medio de prueba no rechazado por la ley, que fuera contra el derecho o la moral.

Estas pruebas, de acuerdo a la legislación de la materia, tenían pleno valor probatorio y no era necesario que fueran reproducidas por los

---

[24] CASANUEVA REGUART, Sergio E., *Ob. cit.* p. 170.

jueces para que tuvieran plena eficacia, siempre y cuando cumplieran con los requisitos de validez que al efecto marcaba el capítulo de valoración de las pruebas sobre un valor tasado de las mismas; por lo cual podían ser tomadas en cuenta para dictar una orden de aprehensión o comparecencia, un auto de formal prisión o de sujeción a proceso y una sentencia condenatoria, de ahí la gran trascendencia de la labor del Ministerio Público, pues esas pruebas podían ser las únicas en el proceso y servir para lograr una sentencia condenatoria.

Ante la importancia de esas pruebas recabadas en fase de investigación o en sede ministerial, varios autores consideraban que todo ello hasta el dictado del auto de plazo constitucional, era un mini juicio, pues con el valor probatorio que tenían las mismas, se podía lograr sin dificultad una formal prisión del imputado, y posteriormente, podían servir para llevar el proceso penal por todas sus etapas procesales hasta dictar una sentencia de condena, con muy pocas posibilidades de defensa por parte de los acusados; salvo los casos en que existieran otras pruebas que demostraran la falsedad de aquellas, que los hechos no se cometieron o el acusado no intervino en los mismos, o ante una deficiente investigación por parte del Ministerio Público.

Jesús ZAMORA PIERCE, opina sobre el particular que es inquisitivo aquel sistema en el cual el juez actúa de oficio, ejerciendo de manera directa la persecución penal, recolectando y valorando las pruebas, con una fase de investigación sumaria, que resulta ser escrita y secreta, convirtiéndose en la fase central del procedimiento y en la cual se encuentran limitados sobremanera los derechos de contradicción y defensa.[25]

---

[25] ZAMORA PIERCE, Jesús, *Juicio oral, utopía y realidad.*, edit. Porrúa, México, 2011, p. 4.

Si bien dicho autor se refiere a un sistema inquisitorio puro, en el cual existe la figura del juez de instrucción, encargado de recabar las pruebas, acusar y juzgar, con esa fase sumaria de investigación, lo cierto es, que hay varios aspectos que trascienden de ese sistema inquisitivo, al actual sistema inquisitivo mixto vigente aún en nuestro país, como el hecho de que la investigación era escrita y secreta, en la cual se encontraban limitados los derechos de contradicción y defensa; pues por un lado, el Ministerio Público durante la averiguación previa, recibía la denuncia o querella escrita o por comparecencia y dejaba constancia escrita de ello; llevaba a cabo la recolección de todo de tipo de pruebas, las cuales siempre constaban igualmente por escrito; muchas veces, los acusados no se daban cuenta de que se seguía una investigación en su contra, hasta que eran detenidos y puestos a disposición del juez de la causa, de ahí la secrecía de la investigación, además de que si acudían por sí mismos o a través de defensor, a solicitar copias de la indagatoria, prácticamente les eran negadas argumentando sigilo de las diligencias; y por tales motivos era que se limitaban tanto los derechos de defensa como de contradicción, pues era casi nula la posibilidad que tenían los acusados de controvertir las pruebas existentes en su contra en la averiguación previa; incluso se daban casos en los que ofrecían pruebas mediante escrito, el cual ni siquiera les era tomado en cuenta, puesto que ni les era acordado o no se recibían las pruebas hasta después de que hubiera sido consignada la averiguación. Además de que la defensa se encontraba limitada por los argumentos ya vertidos a propósito del apartado relativo a la defensa técnica.

Lo anterior nos permite claramente advertir, cómo ha sido la transición de un sistema de enjuiciamiento a otro, y que en el paso de los años, se conservan rasgos de uno y otro, con las modificaciones inherentes de acuerdo a los cambios sociales y políticos de cada época; al grado de que al encontrarnos ahora en el cambio de procurar y administrar justicia, transitando del sistema inquisitivo mixto al acusatorio y oral, vemos nuevos y grandes cambios, al igual que se conservan otros, que solo pudieran redundar en el retardo en la forma de enjuiciamiento como el plazo constitucional que incluye el dictado de un auto de vinculación a proceso, que a nuestro parecer no debería existir para dar mayor celeridad a los procedimientos en beneficio de las y los ciudadanos.

4. Necesidad de una reforma.

Las necesidades de una verdadera reforma en el sistema de justicia penal se hicieron patentes ya desde hace varios años, debido a que se venía suscitando una problemática evidente que generaba insatisfacción social, como corrupción, tardanza en los asuntos, el que no se denunciaran los delitos por falta de sanción a los responsables, lo que incluso generaba impunidad, por ello, diversos actores políticos comenzaron a hacer su labor a efecto de lograr un cambio integral en el ámbito que se menciona, así mismo, autores como Miguel CARBONELL y Enrique OCHOA REZA, sostienen por ejemplo que el proceso penal en México hacía agua para todos laos, porque no servía para atrapar a los delincuentes más peligros; permitiendo la existencia de un altísimo nivel de impunidad y corrupción; no aseguraba los derechos fundamentales ni de las víctimas, ni de los acusados; no establecía incentivos para una investigación profesional del delito; y era sumamente costoso si se tomaban en cuenta sus pobres resultados.

Exponiendo además al respecto, que el tema de los juicios orales y el debido proceso legal no eran ya aspectos que preocuparan a determinados académicos, ni surgieron en algún instituto de investigación jurídica, sino que más bien, se trataba de un asunto político y ciudadano, situado en la opinión pública por el empuje de la sociedad civil y las propuestas de diversos partidos políticos, pues durante la campaña del 2006, varios candidatos hicieron la promesa de que reformarían el sistema de enjuiciamiento penal, para avanzar hacia el sistema de juicios orales.

Identificaban además como causas para llevar a cabo dichas reformas, el proceso de democratización en varios países de Latinoamérica, después de gobiernos dictatoriales o autoritarios, la crítica a los sistemas políticos pasados de moda, las presiones para modernizar al Estado, la reevaluación de los derechos humanos y la percepción negativa del sistema de justicia penal; lo cual era aplicable en gran medida al caso mexicano.

Se requerían modificaciones en términos de la observancia de derechos humanos en el quehacer de las policías, ministerios públicos y jueces, para lograr la reforma al sistema de justicia penal mexicano, el que consideraban se encontraba en completa bancarrota; pues todas las estadísticas reflejaban como ya se dijo, que hacía agua para todos lados, ya que no servía para atrapar a los más peligrosos delincuentes y existía un nivel muy alto de impunidad, ni aseguraba los derechos de las víctimas y acusados; y enseguida proporcionan las siguientes estadísticas:

"Los datos estadísticos que avalan las anteriores conclusiones son muy conocidos, pero quizá valga la pena recordar algunos de los más destacados, a reserva de profundizar en ciertos indicadores en las páginas siguientes. 85% de las víctimas no acuden a denunciar los delitos; 99% de los delincuentes no terminan condenados; 92% de las audiencias en los procesos penales se desarrollan sin la presencia del juez; 80% de los mexicanos cree que se puede sobornar a los jueces; 60% de las órdenes de aprehensión no se cumplen; 40% de los presos no ha recibido una sentencia condenatoria; el 80% de los detenidos nunca habló con el juez que lo condenó."

Siendo preocupante el tema de la impunidad cuyos datos son aterradores, pues se castigaban muy pocos delitos, y pocos delincuentes llegaban ante el juez y no precisamente a ser condenados, considerando impunidad en un 96.7% de los casos.[26]

Los argumentos y estadísticas que señalan, ponen en evidencia, las necesidades de un cambio, se veía ya necesitado de una reforma constitucional que viniera a dar un giro en la forma de aplicar justicia, para dar soluciones más prácticas a quienes tienen que resolver sus conflictos, generándose entonces la reforma a diversos artículos de la Constitución Política de los Estados Unidos Mexicanos, a partir del 18 de junio del 2008, imponiéndose a los estados, la obligación de adecuar sus legislaciones secundarias a dichas reformas, otorgándoles un plazo de 8 años, que se cumplió en junio del 2016, lo que sin duda es muy importante, porque entre otros beneficios, se contempla la aplicación de salidas alternas, con lo cual se dará solución anticipada a los asuntos antes de que lleguen a juicio oral y las cuales pueden ser ya aplicadas en el sistema de justicia tradicional desde el año 2012, generando grandes oportunidades a los justiciables de restablecer el tejido social dañado con la comisión de conductas delictuosas, lo que se espera, aligere el clamor social de un cambio en el sistema de procuración y administración de justicia.

Esto último comienza ya a ser patente, debido a que al aplicar las salidas alternas en los procesos que se tienen en curso en ambos sistemas de enjuiciamiento penal, como son el tradicional y el acusatorio, que rigen a la par en la entidad y en la mayor parte del país, puede verse reflejada la satisfacción de las víctimas u ofendidos, cuando les es resarcido el daño que se les causó con el delito, una vez que se les cubre la reparación del daño y además los acusados se comprometen a no molestarlos ni a sus familiares,

---

[26] CARBONELL, Miguel/OCHOA REZA, Enrique. *Ob. cit.*, pp. 1-3.

comprometiéndose a no visitar determinado lugar para evitar malestares mayores a los ya cometidos con el delito, eso empieza entonces a dar frutos por la necesidad de una reforma integral al sistema de justicia penal en el país, que ya se dio y se encuentra en curso, por ello esperaremos a ver los resultados, que esperamos sean positivos.

4.1. Nuevas figuras procesales en el sistema de justicia penal mexicano.

Gonzalo ARMIENTA HERNÁNDEZ hace referencia a nuevas figuras procesales derivadas de dicha reforma, como la desaparición del cuerpo del delito –además de desaparecer la probable responsabilidad– que se cambió por datos que demuestren que se ha cometido un hecho considerado como delito por la ley y que exista la probabilidad de que el imputado lo cometió o participó en el; la figura del juez de control que vigilará y controlará las actuaciones de las partes, a efecto de que se vulneren derechos humanos; así como la vinculación a proceso que sustituye al auto de formal prisión, pues ocupa el lugar que tenía antes de la reforma.

También encontramos múltiples beneficios en el cambio de paradigma, como la presencia del juzgador en todas las audiencias, soportado por el principio de inmediación, sin que pueda delegar las facultades en ningún otro funcionario judicial, como acontece todavía en la actualidad en el sistema tradicional de justicia, que se encuentra prácticamente por desaparecer y en el que era el secretario de acuerdos quien presidía la mayoría de las audiencias y quien en ocasiones tomaba decisiones de calificación de las preguntas de las partes y anotaba aquello que consideraba pertinente.

Dicho autor nos habla de la terminación anticipada del proceso cuando el imputado acepte de manera voluntaria y con conocimiento de las consecuencias, la imputación que le formule el Ministerio Público, pudiendo citar el juez en su oportunidad a la audiencia de sentencia; lo aquí citado corresponde precisamente al procedimiento abreviado como otra de las figuras novedosas, ya que en ella podrá negociar la pena, pudiéndose imponer al imputado una pena disminuida del mínimo de la sanción que corresponda al delito por el que se inició la investigación y al que siguió la formulación de imputación respectiva.[27]

Una de las figuras que aparece en el nuevo sistema de justicia penal, es precisamente el auto de vinculación a proceso, muy cuestionado y discutido, al igual que el propio plazo constitucional de las 72 horas o su duplicidad en que debe resolverse la situación jurídica del imputado.

Estos aspectos no resultan novedosos *per se*, sino que resulta su implantación en el nuevo sistema de justicia, como un vicio arrastrado del sistema inquisitivo, que solo viene a prolongar y retardar el desarrollo de las audiencias del sistema acusatorio y que a nuestro parecer debieran desaparecer del mismo.

Aquí debemos precisar que fueron varios los estados de la República, los que comenzaron con la implementación de este sistema de justicia entre ellos Oaxaca y Chihuahua, desde el año 2007, el primero de ellos a partir del 9 de septiembre de ese año, comenzando por la región del Istmo, Salina Cruz, Tehuantepec, Juchitán y Matías Romero;[28] y recordemos que la reforma constitucional relativa se dio el 18 de junio del 2008, y

---

[27] ARMIENTA HERNÁNDEZ, Gonzalo. *El juicio oral y la justicia alternativa en México*, Edit. Porrúa, México, 2009, pp. 61-63.

[28] Página Oficial de Internet de la Fiscalía General del Estado de Oaxaca. Consultable en:

http://pgjoaxaca.gob.mx/index.php/component/content/article/3-boletines/2092-sistema-acusatorio. Accedido: 18.01.17

aquellas entidades para hacer posible la existencia de un nuevo modelo de enjuiciamiento se veían en la necesidad de cumplir los requisitos del artículo 19 Constitucional anterior a la reforma, que exigía que ninguna detención ante la autoridad judicial podía exceder del plazo de setenta y dos horas, a partir de que fuera puesto a su disposición, sin que se justificara con un auto de formal prisión, y en el que debían precisarse el delito imputado, circunstancias de lugar, tiempo y ejecución, así como los datos arrojados por la averiguación previa, que debían ser bastantes para acreditar el cuerpo del delito y hacer probable la responsabilidad del indiciado. Además, de que la prorroga de dicho plazo solo podía ser hecha a petición del indiciado; y en el auto de formal prisión debía precisarse el delito o delitos por los que se seguiría el proceso.

Por ello, dichas entidades al implementar el sistema acusatorio establecieron un auto de sujeción a proceso, en lugar del auto de formal prisión, y posteriormente cambiaron su nombre por el de vinculación a proceso, en el que debía acreditarse que se cometió un hecho posiblemente delictuoso y que el imputado lo cometió o participó en el mismo; sustituyendo esta última parte, la comprobación del cuerpo del delito y la probable responsabilidad del acusado; y se estableció en la legislación procesal, que en el auto de vinculación se establecería el delito por el que se seguiría el proceso; es así que quedaban cumplidas las exigencias del artículo 19 Constitucional previo a la reforma del 2008.

Y no es hasta que llega la reforma Constitucional de 18 de junio del 2008, que en la carta fundamental se regulan los aspectos citados en el artículo 19; y en el caso concreto, es evidente que no fueron los estados por lo menos de Oaxaca, Chihuahua y Nuevo león, los que adecuaron su legislación secundaria a la Constitución, sino que la Constitución, se reformó y adecuó tomando en cuenta las legislaciones procesales ya

42

existentes hasta esos momentos.

México es el único país que cuenta con el plazo constitucional de las 72 horas y su duplicidad y el auto de vinculación a proceso, que como dijimos no tienen razón de ser, resulta ser que ese plazo el imputado puede ofrecer medios de prueba diversos a los que ya obran en la carpeta de investigación y eventualmente también lo podría hacer el Ministerio Público, ¿y qué pasaría si se decreta un auto de no vinculación a proceso?, pues que simplemente el Ministerio Público puede continuar con la investigación y si obtiene nuevos datos de prueba que incriminen al imputado, deberá glosarlos a la carpeta de investigación y podrá nuevamente solicitar fecha y hora para audiencia inicial para volver a formular imputación, obvio con otro plazo de setenta y dos horas y su duplicidad, y la legislación no impone límites para ello, de tal suerte que el Ministerio Público podría formular imputación cuántas veces lo creyere conveniente y pudiere hacerlo, salvo los plazos de la prescripción o que ya no encontrara nuevos datos de prueba de cargo.

Además la práctica nos muestra que al imputado no le conviene en el plazo constitucional presentar sus datos o medios de prueba con que cuente, salvo que fueran muy contundentes y ya no posibilitaran que la investigación pudiera continuar, ya que de no ser así, mostraría su cartas al Ministerio Público y este podría controvertir todo cuanto aquél presentara; hablando por ejemplo de testigos, serían interrogados y contrainterrogados en esa fase previa al juicio oral, y entonces el órgano acusador, conocería todas las debilidades de la prueba testimonial de la defensa y cualquier otra que pudiera verificarse en un eventual juicio oral, donde serían prácticamente aplastados; entonces para qué presentarlos.

Uno de los grandes temas que se pusieron sobre la mesa cuando se hablaba de la problemática del sistema inquisitivo mixto, era que los procesos eran muy largos, muy tardados, y sobre ello hablan muchos autores en sus distintas obras de juicio oral, entonces porqué aletargar los nuevos procesos en el sistema acusatorio con ese plazo constitucional y su duplicidad con todo lo que ello implica, recursos humanos y materiales y mucho, mucho tiempo.

A nuestro parecer, bastaría que se hiciera el control de legalidad de la detención en los casos que dispone la ley, que se formalizara la imputación se discutieran medidas cautelares y plazo de cierre de investigación, para continuar con la investigación de cara al imputado y con el control judicial sobre la misma, para dar mayor agilidad a los procesos penales en beneficio de las partes y además descongestionar las grandes cargas de trabajo tantas veces alegadas. De ahí que esa fase debiera desaparecer de la audiencia inicial y del procedimiento acusatorio.

5.   El sistema acusatorio y oral.

Hemos visto como se han gestado las grandes reformas en materia de derechos humanos de 10 de junio del 2011, del sistema de justicia penal y de seguridad pública del 18 de junio del 2008, y en materia de amparo, que han dado un vuelco en nuestra forma de procurar y administrar justicia.

Por cuestiones políticas, como sociales, se hacía ya necesario llevar a cabo la reforma en materia de justicia penal, pues ya todos los países Latinoamericanos habían implementado el sistema acusatorio y oral y en formas de enjuiciamiento y México había quedado en el rezago; así, varios países, entre ellos los Estados Unidos de Norteamérica, pusieron el dedo en el renglón bajo intereses políticos; Jesús ZAMORA PIERCE, al respecto nos explica que siguiendo las ideas originales de Argentina, entre los años de 1992 y 2006, se llevó a cabo la reforma de la legislación procesal penal de catorce países latinoamericanos, evidentemente con la intervención de la

44

Agencia de los Estados Unidos para el Desarrollo Internacional (USAID por sus siglas en inglés); que a mediados de los años 90´s, este organismo convirtió en la mayoría de sus portafolios, el cambio de los códigos procesales inquisitivos por otros de corte acusatorio en todo Latinoamérica.

Además, el Departamento de Justicia de los Estados Unidos no ha reflejado el rechazo en esa labor de cambio de las codificaciones indicadas, sí ha alentado reformas inspiradas en el modelo Estadounidense, y citando a Máximo LANGER expresa que en el caso de los Estados Unidos, estos han impuesto sus propias instituciones, leyes, normas y políticas públicas sobre los países de Latinoamérica, mediante diversos mecanismos como la fuerza, las amenazas u otros incentivos para poder avanzar sus propios intereses materiales. [29]

Aunque debemos decir que ante ello, ha existido la intervención de otras naciones como contrapeso para no dejar que solamente los Estados Unidos impongan dichas reformas bajo sus propios intereses, como es el caso por ejemplo de España, que a través de la Agencia Española de Cooperación Internacional (aecid); además en México, se ha contado con la participación para la capacitación del nuevo sistema de justicia penal, de especialistas de países como Chile y El Salvador entre otros; abriéndose así camino a esta nueva forma de procurar y administrar justicia, que si bien comenzó a partir del 2006 en el Estado de Nuevo León, y en 2007 en Chihuahua y Oaxaca, recién comienza en la mayoría de los estados de la República.

Dicho sistema acusatorio y oral, cuenta esencialmente con tres etapas como son la preliminar o de investigación, la intermedia o de

---

[29] ZAMORA PIERCE, Jesús, *ob. cit.*, pp. 2 y 3.

preparación a juicio oral y la de juicio oral, las cuales citaremos enseguida dada su importancia en la transición en los modelos de enjuiciamiento penal de cara a nueva forma de procurar y administrar justicia.

5.1. Etapa preliminar o de investigación.

Con la presentación de la denuncia o querella se da inicio a esta etapa inicial del procedimiento, o incluso con la intervención del Ministerio Público que podría actuar de oficio en aquellos casos de flagrancia en que una persona es detenida cometiendo un hecho delictuoso o momentos posteriores a su comisión, en términos que regula la ley; además de los casos en que los particulares pueden ejercitar acción penal.

En la etapa de investigación se busca recabar cada uno de los elementos de convicción, de cargo y descargo que le faciliten al Ministerio Público tomar la decisión de formular o no la acusación y en su oportunidad, al acusado preparar su defensa, [30] para que llegado el momento conclusivo de la investigación formalizada, el órgano acusador valore si cuenta con elementos de cargo suficientes y serios para llevar a juicio oral al imputado, para lo cual en su oportunidad tendrá que presentar su acusación.

Esta etapa tuvo cambios radicales en relación con el sistema tradicional de justicia o inquisitivo mixto, pues por ejemplo lo que antes era la averiguación previa, cambió a carpeta de investigación, el monopolio de la acción penal cambió de cierta manera y dejó de serlo, aunque de una forma muy limitada, pues anteriormente por disposición constitucional, solamente el Ministerio Público era el encargado de la persecución de los

---

[30] PASTRANA BERDEJO, Juan David/BENAVENTE CHORRES, Hesbert, *El juicio oral penal, técnica y estrategias de litigación oral.* edit. Flores Editor y distribuidor, México, 2009, p. 15.

delitos y de ejercitar la acción penal ante los tribunales, no obstante lo cual, en la actualidad el artículo 21 Constitucional dispone en lo conducente que la investigación de los delitos corresponde al Ministerio Público y a las policías, y que el ejercicio de la acción penal ante los tribunales compete al Ministerio Público, debiendo la ley determinar los casos en que los particulares podrán ejercerla ante la autoridad judicial; [31] existiendo casos en los cuales los particulares sin la intervención del Ministerio Público pueden recabar los datos de prueba que estimen necesarios para acudir ante un juez de control y ejercitar la acción penal, pudiendo llevar a un imputado hasta el juicio oral, cosa que en el pasado muy reciente no era posible.

Durante la misma, el Ministerio Público se encuentra obligado bajo el principio de objetividad a buscar elementos de cargo y descargo, es decir, tanto aquellos que perjudiquen al imputado como los que le puedan beneficiar, para lograr el perfecto esclarecimiento de los hechos y no como antaño lo hacía, en que solamente se concentraba en acumular prueba de cargo contra los acusados de un delito, convirtiéndose en "el señor de horca y cuchillo"; y a su vez, los imputados cuentan con el derecho de ir recabando con su defensor, los datos de prueba que le faciliten su defensa; de tal forma que las partes irán conformando su correspondiente teoría del caso.

5.2. La audiencia inicial.

En esta etapa, y una vez que el Ministerio Público ha decidido

---

[31] Artículo 21. La investigación de los delitos corresponde al Ministerio Público y a las policías, las cuales actuarán bajo la conducción y mando de aquél en el ejercicio de esta función.

El ejercicio de la acción penal ante los tribunales corresponde al Ministerio Público. La ley determinará los casos en que los particulares podrán ejercer la acción penal ante la autoridad judicial.

formalizar la investigación inicial, llevará a cabo el ejercicio de la acción penal y se verifica la audiencia inicial y dentro de la misma se darán variomomentos como son, el control de la detención, la formulación de la imputación, la declaración del imputado, el plazo constitucional de setenta y dos horas o su duplicidad a ciento cuarenta y cuatro, para resolver sobre la vinculación o no del imputado a proceso, la discusión de medidas cautelares y sobre el plazo de cierre de la investigación complementaria.

5.2.1. El control de la detención.

El primer momento en la audiencia inicial es el control de legalidad de la detención cuando hablamos de persona detenida, pudiendo darse el caso de flagrancia o caso urgente, así como el que la persona haya sido detenida con orden de aprehensión; el Ministerio Público ante el Juez de Control deberá justificar las razones de la detención, y se dará debate con la defensa e imputado; después el Juez verificará que se haya cumplido el plazo constitucional de la retención en los dos primeros casos, así como los requisitos de procedibilidad, ratificándose la detención en caso de se cumplan las formalidades legales y decretando la libertad de la persona en caso contrario.

5.2.2. La formulación de la imputación.

Si es ratificada de legal, se procederá a formular la imputación a la persona detenida o que haya comparecido en calidad de libre sino se encontraba antes detenida, la cual consiste en la comunicación que hace el Ministerio Público al imputado y en presencia del juez, de que está realizando una investigación en su contra por uno o varios hechos considerados por la ley como delitos; sobre lo cual, el Juez de Control pedirá al imputado que ponga total atención.

5.2.3. La declaración del imputado.

Concluido ese acto de formulación de la imputación, la defensa e imputado podrán pedir las aclaraciones que consideren pertinentes, y enseguida este último podrá rendir su declaración en descargo de los hechos imputados por el órgano acusador, o si es su deseo, puede guardar silencio, ya que todo cuanto diga pudiera ser usado en su contra.

Ese derecho a no declarar, no puede ser usado en su perjuicio y se encuentra consagrado en la CPEUM, y deriva del principio de inocencia y del de no autoincriminación[32]; sin que pueda ser compelido a declarar bajo ninguna circunstancia, ya que una declaración de su parte obtenida bajo coacción sería violatoria de derechos fundamentales y por ende, sería nula por constituir prueba ilícita.

5.2.4. El plazo constitucional de las setenta y dos horas.

Seguido de lo anterior, el Ministerio Público pedirá que se vincule a proceso al imputado, momento en el cual y antes de escuchar los motivos que tuviere para ello, el Juez de control, informará al imputado las pretensiones de aquél, indicándole que se encuentra ante tres escenarios posibles y que son, que se resuelva su situación jurídica en esa misma audiencia, en el plazo de setenta y dos horas o en su duplicidad que equivale a ciento cuarenta y cuatro horas.

---

[32] Este principio consiste en que el imputado no declare sobre aspectos que le puedan deparar algún perjuicio o sean constitutivos de delito, pues encontrándose amparado bajo el manto protector de la presunción de inocencia, la carga de la prueba sobre los hechos posiblemente delictuosos corresponde al Ministerio Público, quien deberá efectuar una actividad positiva de cargo durante la investigación y recabar los datos de prueba en que sustente su acusación.

Si el imputado se acoge al plazo de setenta y dos horas o su duplicidad, se deberá señalar fecha y hora para la continuación de la audiencia inicial en la que se resolverá sobre la vinculación o no del imputado a proceso.

Enseguida se discutirá a petición del Ministerio Público sobre la aplicación de medidas cautelares, sobre todo si la persona se encuentra detenida, pues no podría quedar a la indeterminación su situación jurídica por estar de por medio su libertad. Con la salvedad que no se requerirá petición de parte para la imposición de medidas cautelares cuando se trate de delitos de prisión preventiva oficiosa en términos que señala la Constitución y la ley procesal de la materia.

La audiencia continuará en la fecha indicada con la presentación de datos y medios de prueba si los hubiere ofrecido el imputado o su defensor; posteriormente se dará la intervención al Ministerio Público, al asesor jurídico de la víctima si lo hay, al imputado y al defensor y agotado el debate, se procederá a resolver sobre la vinculación del imputado a proceso.

En cambio, si el imputado decide que su situación jurídica se resuelva en el acto mismo de la audiencia inicial sin adoptar el plazo de setenta y dos horas o su duplicidad, el Ministerio Público deberá motivar su solicitud, exponiendo los datos de prueba con los que estima que acredita que se cometió un hecho considerado como delito por la ley y que existe la probabilidad de que el imputado lo cometió o participó en su comisión y enseguida el Juez resolverá sobre la vinculación o no del imputado a proceso.

5.2.4.1. Efectos del auto de vinculación a proceso.

En el auto de vinculación a proceso debe quedar establecido cuál es el hecho o hechos delictuosos por los que continuará el proceso en su caso, deberán fijarse las formas anticipadas de terminación del proceso, la apertura a juicio oral abreviado o el sobreseimiento.[33]

5.2.4.2. Efectos del auto de no vinculación a proceso.

En cambio, si no se reúnen los requisitos establecidos por la ley el Juez de Control dictará un auto de no vinculación a proceso, decretándose la libertad inmediata del imputado, cesando las providencias precautorias o medidas cautelares provisionales que pudieran haberse impuesto.[34]

Con ello no cesa el derecho del Ministerio Público de continuar con la investigación para en su caso solicitar nueva audiencia para formulación de imputación.

5.2.5. Debate sobre medidas cautelares.

El debate sobre las medidas cautelares se da en dos momentos específicos de la audiencia inicial, el primero de ellos como ya se dijo, es si el imputado ha decidido acogerse al plazo constitucional de las setenta y dos horas o su duplicidad, pues no podría quedar sin resolver su situación jurídica de manera provisional, sobre todo si estamos en presencia de delitos que ameriten prisión preventiva oficiosa.

El segundo momento es después de que el imputado ha sido vinculado a proceso por el Juez de Control, en donde el Ministerio Público deberá formular petición al respecto generándose debate con la defensa e imputado; salvo aquél caso de delitos de prisión preventiva oficiosa en que el Juez no requiere petición alguna ni debate para poder imponer de oficio

---

[33] *Cfr.* Artículo 318 del CNPP.

[34] *Cfr.* Artículo 319 del CNPP.

la medida de cautela respectiva.

5.2.6. Discusión sobre el plazo de cierre de investigación.

Ya que se han discutido las medidas cautelares, se procederá a solicitud del Ministerio Público a generar debate con la defensa, sobre el plazo en que deberá concluir la investigación complementaria, lo cual dependerá de los datos de prueba que estimen se encuentran pendientes de recabar respecto del hecho delictuoso de que se trata; una vez que se ha discutido sobre ello, el Juez decretará el plazo en que deberá concluirse la investigación y terminado el plazo se declarará cerrada, salvo el derecho de las partes de pedir una prorroga en términos de la legislación procesal.

5.3. Etapa intermedia o de preparación a juicio.

Esta etapa tiene como finalidad el ofrecimiento y admisión de los medios de prueba, así como la depuración de los hechos controvertidos que serán materia del juicio oral.

Estará conformada por dos fases, una escrita y otra oral. La primera dará inicio con el escrito de acusación formulado por el Ministerio Público y comprenderá los actos previos a la celebración de la audiencia intermedia oral. Y la segunda comenzará con la celebración de la audiencia intermedia y finalizará con el dictado del auto de apertura a juicio.[35]

Juan David PASTRANA BERDEJO y Hesbert BENAVENTE CHORRES, estiman que la etapa intermedia tiene una función de filtro o de saneamiento, con el propósito de eliminar todo vicio o defecto procesal que pueda llegar a dañar la eficacia de todo lo que se ha llevado a cabo y que

---

[35] *Cfr.* Artículo 334 del CNPP.

52

pueda afectar o imposibilitar la realización del propio juicio oral.[36]

En esta etapa las partes pueden promover las incidencias que estimen pertinentes y arribar a acuerdos probatorios, y decidir cuáles hechos ya no serán motivo de discusión en la audiencia de debate o de juicio oral, los cuales serán aprobados por el Juez de Control si existen en la carpeta de investigación antecedentes con los cuales puedan darse por probados, de ser aprobado algún acuerdo deberá constar en el auto de apertura a juicio.

Podrán además solicitarse salidas alternas o medios de descongestión como acuerdos reparatorios, suspensión condicional del proceso o un procedimiento abreviado.

Posteriormente las partes harán su ofrecimiento de medios de prueba y la contraparte podrá exponer los motivos de exclusión de la misma según lo considere relevante; y el Juez después de escuchar a las partes irá admitiendo o excluyendo los medios de prueba propuestos.

Finalmente se dictará el auto de apertura a juicio oral que será remitido al tribunal de enjuiciamiento competente.

5.4. Etapa de juicio oral.

Esta es la más importante y ha sido denominada por algunos autores como la fase estelar del procedimiento penal, porque en ella se llevan a cabo las cuestiones más importantes, pues se tramitan incidencias, y las partes exponen su teoría del caso a través de sus alegatos de apertura, se desahoga toda la prueba bajo los principios de inmediación, contradicción, continuidad, concentración y publicidad, se exponen los alegatos de cierre o de clausura y se dicta el fallo o sentencia.

---

[36] PASTRANA BERDEJO, Juan David/BENAVENTE CHORRES, Hesbert, *El juicio oral penal, técnica y estrategias de litigación oral*. edit. Flores Editor y distribuidor, México, 2009, p. 21.

Cuando se refiere al juicio oral Jorge BODES TORRES, señala que es un único acto, unido (concentración y continuidad), en el cual se encuentran reunidos todos los intervinientes y de manera concentrada se llega a conocer cuál es la acusación y la réplica defensiva (alegatos de apertura); además de llevarse a cabo el examen de las pruebas aportadas tanto por la parte acusadora como por el acusado, puntualizando sus detalles, cuestionando y debatiendo sobre su veracidad y su valor; se presentan las consideraciones de cada una de las partes y sus puntos de vista sobre los hechos, como también sobre la prueba y los aspectos de derecho, de otras ciencias y valoraciones sobre el hecho materia del juicio (teoría del caso); y sobre esa extensa contradicción el tribunal va a formar su convicción para poder arribar a la emisión de su veredicto, ya sea en sentido condenatorio o de manera absolutoria, que es plasmado en forma final en la sentencia.

Y divide el juicio oral en tres momentos, como son, el planteamiento del debate, el desarrollo de las pruebas y la emisión del fallo o sentencia; de tal manera que el juicio oral empieza con "las conclusiones provisionales" (contenido del escrito de acusación y en su caso la exposición de los alegatos de apertura) [37] del Ministerio Público y las de la defensa, estableciéndose con ello los límites del debate, así como los aspectos sobre los que habrán de desahogarse las pruebas; al igual que las alegaciones de cada una de las partes, respecto de todo lo cual el tribunal dictará la sentencia.[38]

La audiencia de juicio oral podrá llevarse a cabo con uno o tres

---

[37] Los textos entre paréntesis son nuestros.

[38] BODES TORRES, Jorge, *El juicio oral, doctrina y experiencias.*, edit. Flores Editor y Distribuidor, México, 2009, p. 53.

jueces según sea la complejidad del asunto que deban resolver, pero no podrán participar en el mismo los jueces que hubieran intervenido en alguna audiencia previa del mismo asunto. En su caso, habrá un juez presidente que presidirá la audiencia y llevará el control de la misma, concediendo a las partes el uso de la palabra cuando les corresponda y de una manera ordenada, además de que está a su cargo la disciplina de la propia audiencia, pudiendo imponer a los intervinientes los medios de apremio que establece la ley, al igual que cuidará del público presente y medios de comunicación para que se conduzcan con el debido respeto y diligencia y dentro del marco legal.

Una de las cuestiones importantes que ocurren en el sistema acusatorio, es que los datos de prueba que obren en la carpeta de investigación, no pueden ser incorporados como prueba en la audiencia de juicio oral, pues la prueba se desahoga ante los jueces y bajo los principios antes indicados; solamente podrán utilizarse los registros de la carpeta de investigación para llevar a cabo técnicas de litigación oral, como son para refrescar memoria, superar o evidenciar contradicción.

Con excepción de la prueba anticipada que se hubiere desahogado conforme a la derecho, o cualquier otro caso autorizado por la ley.

Además, si se da el caso que el imputado hubiera rendido declaración en una audiencia previa, como pudiera ser en la inicial, pero en la audiencia de juicio oral se niega a declarar o decide guardar silencio, por ser un derecho fundamental establecido a su favor, el registro de su declaración que obra en la carpeta de investigación, bajo ningún motivo podrá ser ingresado como prueba a la audiencia de debate.

Es evidente que la capacitación en todos los actores del proceso resulta muy importante, pues todos los abogados que lleven la defensa de un acusado y los Ministerios Públicos, deberán conocer la manera adecuada de desahogar la prueba o introducir la prueba documental o material, y conocer además como efectuar las técnicas de litigación oral para refrescar memoria, superar o evidenciar contradicción, y objetar durante el desahogo de pruebas, lo cual debe ser meramente estratégico para obtener los resultados deseados.

No se puede ir a juicio a improvisar, no se puede ir de pesca, a ver qué obtenemos en el juicio, o como dice Andrés BAYTELMAN A., que con mucha frecuencia vemos a los litigantes ir de pesca en el examen y contraexamen de los testigos y dicen *"no sé qué me va a responder, pero, como en la pesca, tiro el anzuelo "a ver si algo pica"."* y agrega que la regla sobre este particular es casi absoluta, ir de pesca casi nunca es una opción;[39] no se puede por ningún motivo esperar que la contraparte se equivoque para ver si se obtiene un fallo favorable, las partes deben prepararse adecuadamente, tanto en el sistema acusatorio, como estudiar el caso que ha sido puesto en sus manos por alguno de los interesados; este sistema nuevo de enjuiciamiento es muy exigente y requiere mucha preparación, se requiere la práctica constante de audiencias y el conocimiento del derecho para poder salir adelante en esta ardua tarea que nos imponen las reformas sobre el tema y el avances del derecho en el presente siglo.

5.4.1. La presunción de inocencia.

Una de las cuestiones más relevantes que muestran los avances del derecho en el siglo XXI y que se logró incorporar y reglamentar de manera adecuada, es la presunción de inocencia, cosa que no ocurría en el sistema

---

[39] BAYTELMAN ARONOWSKY. Andrés/DUCE JAIME. Mauricio. *Litigación Penal, juicio oral y prueba.* Editado por Universidad Diego Portales, Chile, 2004. Sin número de págs. Punto 9.5. *"ir de pesca".*

inquisitivo mixto, pues no lo encontrábamos en la Constitución previo a la reforma del 2008, como tampoco estaba regulado en codificaciones como el Código de Procedimientos Penales para el Estado de Michoacán, ni la Suprema Corte de Justicia de la Nación hablaba de manera expresa sobre el tema en la jurisprudencia.

La presunción de inocencia consiste en que toda persona debe ser considerada como inocente durante todas las etapas del procedimiento hasta en tanto no se dicte en su contra una sentencia condenatoria y que la misma sea declarada ejecutoriada, es decir, que no proceda en su contra recurso alguno.

Raúl F. CÁRDENAS RIOSECO, citando a CLARIA OLMEDO, en cuanto a la presunción de inocencia transcribe que ese estado no se destruye ni con el procesamiento ni con la acusación, como tampoco es destruido por la sentencia que no ha sido considerada como cosa juzgada;[40] de ahí la amplitud de ese derecho de todo imputado durante la tramitación del procedimiento penal, que no se extingue, sino hasta el momento en que la sentencia de condena ha quedado firme, sin posibilidad de ser recurrida y adquiere el rango de cosa juzgada.

Por su parte, el propio CÁRDENAS RIOSECO, señala que la connotación más importante para el estudio de la presunción de inocencia es desde el punto de vista probatorio; ya que cualquier condena debe estar apoyada en una actividad probatoria de parte de los acusadores, para impedir que se lleve a cabo sin pruebas; así que la sentencia de condena en materia penal, en la que se pretenda tener por demostrada la responsabilidad del acusado en cualquier delito, debe apoyarse en aquella

---

[40] CÁRDENAS RIOSECO, Raúl F., *Sistema acusatorio y prueba ilícita.*, edit. Porrúa, México, 2010, p. 88

prueba aportada por el órgano acusador.[41]

Debe existir entonces, una actividad probatoria positiva de cargo por parte del Ministerio Público, ya que este tiene la carga de la prueba de demostrar la culpabilidad, pues no es la inocencia la que debe ser probada por parte del imputado, quien en todo momento se encuentra amparado por el manto protector de la presunción de inocencia.

La carga de la prueba en su caso solo podrá invertirse, cuando habiéndose desarrollado una suficiente investigación de cargo, los elementos de prueba recabados, afecten de manera importante la presunción de inocencia, al grado que corresponda al imputado controvertir la prueba que obra en su contra, so pena de obtener en su contra una sentencia condenatoria en su oportunidad; de ahí que deba ser diligente en la preparación de su defensa en caso de enfrentar una investigación o un juicio en su contra.

Lo anterior es así, pues aun y cuando la presunción de inocencia opera y se prolonga durante todo el procedimiento, hasta el dictado de la sentencia condenatoria y ejecutoriada, lo cierto es, que no puede haber descuido de parte del imputado y su defensor, esperando que esa presunción lo ampare siempre, cuando a la vista saltan elementos de cargo suficientes que le pueden perjudicar al final del proceso, de tal suerte que deberá comenzar una oportuna intervención e investigación de su parte, informado siempre por el consejo de su defensor, quien debe intervenir en esa investigación, para poder controvertir tanto el argumento, como la prueba de la contraparte, pues al juicio no se va a improvisar, esperando siempre que falle la prueba de la parte acusadora y que la protección de la

[41] CÁRDENAS RIOSECO, Raúl F., *La presunción de inocencia.*, edit. Porrúa, México, 2006, p. 115.

presunción de inocencia lo ilumine siempre y en todo acto procesal.

5.4.2. La prisión preventiva.

De acuerdo con la doctrina, la prisión preventiva ha sido considerada como una medida cautelar que tiene como fundamento asegurar el normal desarrollo del proceso, y de manera eventual, al concluir el mismo, la aplicación de alguna pena privativa de la libertad.[42]

La prisión preventiva tiene un choque muy fuerte con la presunción de inocencia, pues toca una muy delgada línea con el derecho a la libertad, por ello se ha considerado como *la última ratio*, y con un carácter excepcional, pues primero deberán imponerse cualquier otra medida cautelar diversa antes de considerar la posibilidad de imponer la prisión preventiva, la cual se establecerá cuando otras medidas no sea suficientes para garantizar los fines del proceso.

Además la Constitución y las leyes secundarias consideran su aplicación en delitos graves que han sido estimados como de prisión preventiva oficiosa, como el homicidio doloso, la violación, y el secuestro, delincuencia organizada, trata de personas, delitos cometidos con medios violentos como armas y explosivos, contra la seguridad de la Nación, el libre desarrollo de la personalidad y la salud, genocidio, traición a la patria, espionaje, terrorismo, sabotaje, corrupción de menores de dieciocho años, entre otros.

Teniendo como excepciones al uso de la prisión preventiva cuando el imputado sea mayor de setenta años, esté afectada por una enfermedad grave o terminal, o se trate de mujeres embarazadas o en periodo de

---

[42] *Ídem,* p. 25.

lactancia, pero dejando a la potestad del juez cuando puedan sustraerse a la acción de la justicia o manifiestan cierta conducta que implique un riesgo para la sociedad; de tal forma que esa prerrogativa no es total sino restringida a la decisión jurisdiccional.

6. Uso de las nuevas tecnologías en el derecho.

Los tiempos modernos conllevan la adaptación de la sociedad a las nuevas tecnologías, y el derecho no queda exento de ello, avanza a la incorporación de las mismas en sus leyes, la aparición de nuevos delitos y ataques diversos vía internet o el aprovechamiento de los medios electrónicos, para difundir información de manera malintencionada, hacen necesaria día a día su regulación legal para poder combatirlos.

La tecnología avanza a pasos agigantados, y con ello se generan distintos medios que permiten por un lado la distribución del conocimiento y la información; todo se nos presenta de manera globalizada, al instante mismo en que está ocurriendo, tanto en otros países, como en el lugar en que nos encontramos y la sociedad se convulsiona ante las noticias o información que se genera incluso a través de las redes sociales, que en ocasiones son aprovechadas para difundir información falsa o tergiversada, así como a través de medios noticiosos; así, la sociedad adopta criterios y formas de actuar que rebasan en ocasiones la capacidad de contención de las propias autoridades.

El uso masivo de las nuevas tecnologías de la información y la comunicación (TIC´s), hace que todos los días surjan nuevas formas de ataque entre los usuarios; uno de los más notables ejemplos, es el reciente supuesto hackeo ruso en las elecciones de los Estados Unidos; la Agencia Central de Inteligencia (CIA) determinó que existió una interferencia ilegal a través de ataques cibernéticos en la elección presidencial del 2016, cuyo origen fue Rusia, presuntamente por un grupo de hackers denominados "The Dukes", poniendo como responsable al presidente ruso Vladimir Putin, o al menos eso dijo el gobierno de los EE.UU., teniendo como objetivo la campaña presidencial del Partido Demócrata y su candidata Hillary Clinton, teniendo como efecto un golpe a la campaña de ese partido; pero lo nuevo es la forma como se está logrando, y en todo ello la internet da la posibilidad a la gente de hacerlo a una escala diferente; según lo informa la BBC Mundo.[43]

6.1. La tecnología en la enseñanza del derecho.

El derecho avanza y camina a la par de la tecnología, al igual que la enseñanza en las aulas de las universidades de derecho, se incorporan en las aulas o "laboratorios" equipos de cómputo, se instalan módems de internet, pero no solo eso, se incorporan carreras, diplomados, y todo tipo de cursos en línea; por tanto, no se hace necesario en muchos casos, la asistencia de un profesional o docente en ciertas áreas de enseñanza.

En algunos casos, se cuenta con tutores que asisten a lo largo de esos procesos y en algunos otros, se hace uso de esos medios tecnológicos para realizar videoconferencias o aulas de diálogo entre los participantes, y se envían por correo electrónico trabajos para ser calificados, y en casos diversos, los exámenes son realizados y calificados de la misma manera; así ha venido evolucionando la enseñanza del derecho en los últimos años, en que cada vez más son las personas que se suman a este tipo de procesos educativos, muy cuestionables y debatidos por sus formas y diseños, pues

---

[43] Cómo fue el "hackeo" de piratas informáticos de Rusia durante las elecciones de Estados Unidos. Consultable en: http://www.bbc.com/mundo/noticias-internacional-38350244

Accedido: 10.01.2017

no puede compararse una enseñanza-aprendizaje de frente al cuerpo docente, que una auto formativa en que el empeño puede ser menor, además de que la información se reduce solamente a los textos examinados por el alumno, con casi nula o nula intervención de un profesional en el ramo.

Lucerito Ludmila FLORES SALGADO, nos dice que esta enseñanza especializada permite en su calidad de método didáctico, poder transmitir el conocimiento sin que exista la intervención directa del profesor, atendiendo a que la tecnología de cómputo facilita esa labor autónoma y/o complementaria.

De tal forma que los modelos de enseñanza del derecho asistido por esos medios tecnológicos, no pretenden llevar a cabo la sustitución del trabajo del docente, sino que el alumno cuente con herramientas con las que pueda tener acceso a una más grande difusión del conocimiento.

Y agrega, que la tendencia actual de la informática, se encuentra transitando de la tendencia inicial o básica a una más creciente o progresiva, porque las facultades de derecho en el país comienza a incorporar la informática jurídica, y se empieza a manera de esbozo aun, a querer separar en las aulas, a la informática jurídica y el derecho informático, como ramas independientes, en tanto inicia el desarrollo de la doctrina nacional en esos temas.[44]

Estas formas de enseñanza-aprendizaje, tendrán un gran impacto en el derecho, en la medida en que los planes de estudio de todas las universidades incorporen estos medios específicos en que se generan los grandes cambios que se verán reflejados a corto plazo.

---

[44] FLORES SALGADO, Lucerito Ludmila, *Temas actuales de los derechos humanos de última generación.* Primera edición digital 2015, edit. El Errante Editor, México, 2015, p. 114.

6.2. El uso de los medios tecnológicos en la aplicación del derecho.

Podemos finalizar, diciendo que las grandes reformas en el campo del derecho han venido usando en su favor el uso de las tecnologías modernas, como el uso de las computadoras, la internet y el correo electrónico, pues en la medida que estos medios son más confiables, se aprovechan para acortar distancias y tiempo en el trámite de los procesos jurisdiccionales.

En materia de amparo por ejemplo, se cuenta con un expediente escrito y otro electrónico, que de acuerdo a la legislación de la materia, debe asegurarse la fidelidad entre uno y otro, es decir, debe coincidir y ser iguales el expediente escrito que el electrónico. Además de generarse una firma electrónica que cuenta con todas las medidas de seguridad para establecer que una persona tiene la capacidad legal para accesar a su expediente digital y presentar escritos o demandas por estos medios.

También se incorporan en el campo del derecho las notificaciones por medio del correo electrónico, pues basta que las partes proporcionen su cuenta de correo y acepten que las notificaciones se hagan por ese medios para que sean completamente legales, generándose aspectos de seguridad que indican cuándo la persona ha recibido a abierto el archivo para darlos por legalmente notificados del acto procesal correspondiente.

Incluso pueden hacerse notificaciones vía telefónica cuando así se ha autorizado, aprovechando los medios tecnológicos actuales, lo cual genera un aprovechamiento de tiempo y gastos que son innecesarios en nuestros tiempos, ya que no se necesita que un funcionario judicial acuda al despacho o domicilio de la persona que habrá de ser notificada para que la notificación surta sus efectos legales.

Y uno de los aspectos que ha cobrado mayor vigencia y relevancia en

63

este campo, es la realización de videoconferencias, por ejemplo cuando se celebran careos, una prueba testimonial o acto similar se pueden aprovechar los medios tecnológicos; incluso en el sistema penal acusatorio, las audiencias orales de cualquier tipo pueden llevarse a cabo a través de la internet, estando por ejemplo el juez en una Región diversa a la cual se está llevando a cabo el procedimiento, para que tenga toda la validez legal, esto es, que el imputado, la defensa y el Ministerio Público, Asesor Jurídico de la víctima y esta última pueden estar en cierto lugar y el juez en uno diverso, pero que siendo enlazados por los medios tecnológicos, éste último preside la audiencia, escucha a las partes y resuelve de acuerdo a sus pretensiones y cumple con todos los requisitos legales, surtiéndose incluso la inmediación, ya que el juzgador percibe lo que dicen y peticionan las partes, observando incluso su lenguaje corporal para decidir en consecuencia. Negar que no existe inmediación, sería tanto como negar la incorporación de las nuevas tecnologías al derecho, cuando en realidad hacemos uso de las mismas día a día y facilitan no solo nuestra vida, sino aceleran la resolución de los procesos judiciales con un ahorro sustancial de tiempo, económico y humano.

Incluso en el sistema de justicia tradicional, se lleva un expediente escrito que puede ser consultado en las oficinas del órgano jurisdiccional, y a la vez todas las actuaciones se digitalizan y se genera un expediente que puede ser consultado en línea por otras personas, facilitando el tiempo en los trámites a realizar.

Por otro lado, los acuerdos que se generan día a día en los órganos jurisdiccionales, antaño debían ser consultados de manera directa en los juzgados, a través de las listas de acuerdos que se publicaban en los estrados de los juzgados, o en su caso, las partes debían consultar personalmente los expedientes en los que tenían carácter legal reconocido, pero ahora, con los avances tecnológicos, se generan las listas de acuerdos en el portal de internet del Poder Judicial y pueden ser consultadas por los abogados, las partes o público en general, vía internet, sin tener que desplazarse a las instalaciones de los juzgados, implicando también un ahorro de tiempo y recursos económicos, no obstante que esas listas de acuerdos solo tenga un carácter informativo y no legal.

Todo esto nos muestra como ha venido evolucionando el derecho y hacia donde avanza, simplemente hacia el uso de las nuevas tecnologías de la información, pues su incorporación al derecho es ya una realidad y esto debe ser aprovechado en beneficio de todos.

Y por otro lado, de acuerdo al estudio realizado en este capítulo, queda claro, que el derecho penal y procesal penal, ha ido transitando de sistemas escritos a orales, una y otra vez, que los juicios orales han existido siempre y no son una novedad ni la panacea para los problemas jurídicos actuales, y que depende de todos para que el nuevo sistema de justicia penal funcione y pueda avanzar frente a una nueva realidad social y política que es más exigente que nunca, que no podemos cesar en un esfuerzo académico y de capacitación constante en todos y cada uno de los actores que intervienen en el proceso.

El derecho avanza en este siglo XXI hacia un nuevo modelo de justicia más garante de los derechos humanos, no solo de los acusados, sino también de las víctimas y todos los ciudadanos nos encontramos protegidos por la presunción de inocencia que se hace patente cuando nos vemos involucrados en un proceso del orden penal.

Por ello, si queremos que las nuevas reformas tengan frutos positivos, el empeño y esfuerzo debe ser mayúsculo, y no debemos de cesar en estudio y capacitación sobre temas relevantes como derechos humanos y esta nueva forma de aplicar el derecho como es el sistema acusatorio vigente ya en todo el país, de una o de otra forma debemos involucrarnos, ya sea como funcionarios, Jueces, Ministerios Públicos, defensores públicos o particulares, o como capacitadores, pero con toda la energía que ello conlleva, porque debemos recordar algo, quien no se capacita, quien no aprende, quedará rezagado en la nueva forma de aplicar la justicia, que además se expande hacia otras materias como la mercantil y familiar, ya que el nuevo modelo de enjuiciamiento se encarga por sí mismo de expulsar a quienes no tienen interés en participar del mismo.

El éxito de los nuevos juicios orales depende de ello, pues de no ser así, algún día volveremos a recordar la frase de Federico SODI, citado por Sergio CASANUEVA REGUART, *"La opinión pública, es verdad, protestaba contra el Jurado Popular cada vez que absolvía en los casos más sonados y lo señalaba como una máquina absolvedora de delincuentes"*.[45]

REFERENCIAS BIBLIOGRÁFICAS

ARMIENTA HERNÁNDEZ, Gonzalo. *El juicio oral y la justicia alternativa en México*, Edit. Porrúa, México, 2009.

BAYTELMAN ARONOWSKY. Andrés/DUCE JAIME. Mauricio. *Litigación Penal, juicio oral y prueba.* Editado por Universidad Diego Portales, Chile, 2004.

BODES TORRES, Jorge, *El juicio oral, doctrina y experiencias.*, edit. Flores Editor y Distribuidor, México, 2009.

CARBONELL, Miguel/OCHOA REZA, Enrique. *¿Qué son y para qué sirven los juicios orales?*, edit. Porrúa, cuarta edición, México, 2009.

---

[45] CASANUEVA REGUART, Sergio E. *ob. cit.*, p. 74.

CÁRDENAS RIOSECO, Raúl F., *La presunción de inocencia.*, edit. Porrúa, México, 2006.

CÁRDENAS RIOSECO, Raúl F., *Sistema acusatorio y prueba ilícita.*, edit. Porrúa, México, 2010.

CASANUEVA REGUART, Sergio E. *Juicio Oral, Teoría y Práctica,* edit. Porrúa, México, 2009.

PATRANA BERDEJO, Juan David/BENAVENTE CHORRES, Hesbert, *Implementación del proceso penal acusatorio adversarial en Latinoamérica,* edit. Flores Editor y Distribuidor, México, 2009.

PASTRANA BERDEJO, Juan David/BENAVENTE CHORRES, Hesbert, *El juicio oral penal, técnica y estrategias de litigación oral.* edit. Flores Editor y distribuidor, México, 2009.

REYES LOAEZA, Jahaziel, El sistema acusatorio adversarial, a la luz de la reforma constitucional, edit. Porrúa, México, 2012.

ZAMORA PIERCE, Jesús, *Juicio oral, utopía y realidad.*, edit. Porrúa, México, 2011.

LEGISLACIÓN.

Código de Procedimientos Penales del Estado de Michoacán, edit. Jurídico Noble Impresor, México, 2012, Puebla, Puebla.

Código Nacional de Procedimientos Penales, edit. Jurídico Noble Impresor, México, 2016, Puebla, Puebla.

Constitución Política de los Estados Unidos Mexicanos.

Código Penal para el Distrito Federal y Territorio de la Baja California, sobre Delitos del Fuero Común y para toda la República sobre Delitos contra la Federación., edit. Herrero Hermanos, Editores, México, 1902. (Código de Martínez de Castro).

DOCUMENTOS EN LÍNEA

Código Penal Federal de 1931 (Código de Almaraz.)

Consultable en:

http://www.diputados.gob.mx/LeyesBiblio/ref/cpf/CPF_orig_14ago31_i ma.pdf Accedido: 5.01.17

Cómo fue el "hackeo" de piratas informáticos de Rusia durante las elecciones de Estados Unidos.

Consultable en: http://www.bbc.com/mundo/noticias-internacional-38350244 .Accedido: 10.01.17

Diario de los Debates del Congreso Constituyente, Tomo I, Núm. 12, Querétaro, 1º de diciembre de 1916.

Consultable en:

http://www.diputados.gob.mx/LeyesBiblio/ref/cpeum/Proy_CPEUM_ex pmot_01dic1916.pdf /Accedido: 11.01.17

DONDÉ Javier, *Comentarios al artículo 21 de la Constitución Política de los Estados Unidos Mexicanos: investigación del Ministerio Público y derecho de acceso a la justicia.* Instituto de Investigaciones Jurídicas, Suprema Corte de Justicia de la Nación, Fundación Konrad Adenauer, 2013.

Consultable en:

http://wwwarchivos.juridicas.unam.mx/www/bjv/libros/8/3568/31.pdf Accedido: 11.01.17

FLORES SALGADO, Lucerito Ludmila, *Temas actuales de los derechos humanos de última generación.* Primera edición digital 2015, edit. El Errante Editor, México, 2015.

Consultable en:

http://www.archivos.juridicas.unam.mx/www/bjv/libros/9/4304/13.pdf Accedido: 10.01.2017

Fiscalía General del Estado de Oaxaca. Página oficial de Internet.

Consultable en:

http://pgjoaxaca.gob.mx/index.php/component/content/article/3-boletines/2092-sistema-acusatorio.

Accedido: 18.01.17

Capítulo 2 A crise e os seus efeitos previsíveis no direito[46]

Armindo Ribeiro Mendes[47]y Teresa Maria Geraldes Da Cunha Lopes [48]

(Portugal)

Introdução

Como qualquer outro cidadão deste País, somos confrontados com abundante informação generalista e, mesmo descontando o "ruído" de muita dela, tal informação vai-nos obrigando a reflectir quotidianamente e, pelo menos, a perguntarmo-nos o que virá aí, como será o nosso futuro próximo, durante e para além da crise.

Receando que só possamos contribuir com fracos "palpites", procuraremos abordar alguns pontos.

1.   Começaremos por uma breve reflexão sobre a noção de crise e a qualificação de crise atribuída à situação presente de vários países da União Europeia, se não de todos.

---

[46] Texto editado e revisado a partir da intervenção no Colóquio *"A Crise e os seus Efeitos Previsíveis no Direito"*, organizado pelo Supremo Tribunal de Justiça ,23 de Novembro de 2011.

[47] Ex Juiz Conselheiro do Tribunal Constitucional de Portugal, Membro da Mesa Directiva da Comissao Nacional de Arbitragem

[48] Investigadora da UMSNH,SIN nivel I, Perfil PRODEP

No editorial do último número de uma reputada revista inglesa consagrada ao Direito Comunitário pode ler-se o seguinte : *"Enquanto se escrevem estas linhas, os líderes da União Europeia estão a confrontar-se para decidir como responder à crise financeira. Os desafios que encaram não têm precedente estão a tentar afastar, ou, pelo menos, gerir a possibilidade efectiva de incumprimento soberano na zona do euro, proteger os Bancos europeus das respostas imprevisíveis dos mercados, aumentar os mecanismos existentes de apoio aos seus parceiros fragilizados, conter a ameaça de contágio dos países pequenos (que a União tem a possibilidade de resgatar) aos grandes (que a União com toda a certeza não tem a possibilidade de o fazer), injectar confiança nos mercados"*[49]

Sabemos já que a resposta dos líderes europeus não foi convincente, que a pressão dos mercados sobre a Itália e a Espanha tem continuado e que, afastado o referendo grego seguido pela demissão do Governo, foi possível encontrar uma solução transitória para aplicar as novas medidas de resgate, perfilando-se eleições gereis neste país no início de 2012. Em Itália, porém, a crise da dívida soberana levou à demissão de BERLUSCONI e à constituição de um governo tecnocrático.

Estamos ainda longe de ter resolvido a crise da dívida que o Presidente norte- americano considera que está a "aterrorizar" o mundo, um verdadeiro Halloween financeiro. De novo em situação sem precedentes, o Secretário do Tesouro norte- americano veio participar numa reunião do Conselho de Assuntos Económicos e Financeiros da União no passado mês de Setembro para encorajar os Europeus *"to getonwithit"*, porque *"it's time to move"*. E o Ministro das Finanças russo

---

[49] Editorial de European Law Review, n.º 36 (2011), pág. 1.

KUDRIN veio declarar que, se a União não actuar decididamente, *"estaremos confrontados com uma crise ainda maior, que rebentará noutros países, incluindo o nosso"*.

Podemos concluir que a crise financeira não será só grega, irlandesa, portuguesa, espanhola e italiana, mas poderá ser uma crise global. A aprofundar-se essa crise, os efeitos nos diferentes ordenamentos jurídicos serão provavelmente profundos e seguramente imprevisíveis.

A esperança de todos é que venha a atenuar-se a crise e que não cheguemos a uma catástrofe global que possa prolongar-se por um período de vários anos.

2.   Os cultores da Ciência Política e os Economistas têm estudado as diferentes crises sociais, económicas e políticas.

Num Dicionário de Política publicado em 2004 por NORBERTO BOBBIO, NICOLO MATTEUCCI e GIANFRANCO PASQUINO, define-se a crise como *"um momento de ruptura no funcionamento de um sistema, uma mutação qualitativa em sentido positivo ou em sentido negativo, uma reviravolta imprevisível e frequentemente violenta, não prevista no módulo normal segundo o qual se desenvolvem os interesses no seio do sistema considerado"*.[50]

Os mesmos Politólogos afirmam que as crises têm três características individualizadoras: o seu carácter súbito e, por isso, imprevisível; a duração limitada; a incidência sobre o funcionamento do sistema.

Por outro lado, existe um verdadeiro processo da crise, em que é possível, numa análise expost, distinguir uma fase antecedente, onde se costumam procurar as origens e as causas, a fase aguda da própria crise e a

---

[50]) ilDizionariodi Politica, UTET, Turim, 2004, voc. "crisi".

fase subsequente em que ocorre o retorno a uma certa normalidade, mais ou menos diferente do status quo ante.

Esta análise é feita pelos Académicos em relação às grandes revoluções: bastará termos presente as bibliotecas de monografias e ensaios sobre as revoluções francesa, russa e chinesa. E mesmo o nosso "25 de Abril" tem sido objecto, à nossa escala, de uma grande atenção pelos cultores das ciências sociais.

No domínio financeiro, são sobretudo as crises económicas subsequentes às grandes guerras que têm sido estudadas. Mas um dos grandes casos de estudo continua a ser a Crise Financeira norte-americana de 1929-1932, que tem origem no Crash da Bolsa de Nova Iorque na Sexta-Feira "negra", e se prolonga durante vários anos, bem retratados no romance clássico de STEINBECK, As vinhas da ira. Sabe-se que o retorno a uma certa normalidade desta crise se prolongou durante uma década, com o New Dealrooseveltiano, só vindo a ser superada pelo enorme crescimento dosE.U.A. na fase da chamada "economia de guerra".

Talvez não seja por acaso que o Presidente da Reserva Federal norte-americana nomeado em plena crise financeira pela Administração BUSH tenha sido um Académico respeitado profundo investigador de temas relacionados com a Grande Depressão...

3.   Importa voltar à "nossa" Crise, que é uma das componentes da crise mais vasta da Zona Euro.

Todos estamos recordados das ondas de choque que se seguiram à falência da instituição norte-americana LEHMAN BROTHERS, no final de 2008.

Conforme é posto em destaque pelos analistas económicos, a crise do chamado sub prime não se confinou aos Estados Unidos da América.

A Globalização encarregou-se de estender a diferentes sistemas financeiros de vários países as consequências das situações de incumprimento de múltiplas instituições financeiras norte-americanas, as quais, curiosamente, vieram a ser "resgatadas" pela Administração BUSH, paradoxalmente forçada a intervir no sector privado, a injectar liquidez no sistema, contribuindo para agravar drasticamente o défice público que a chamada Guerra ao Terror já tinha elevado a níveis preocupantes.

4. Como todos estão recordados, a União Europeia flexibilizou em 2008 e 2009 os limites dos défices orçamentais, contrariando a ortodoxia financeira que adoptara na instituição da União Económica Monetária (UEM), e que visava a adopção de uma moeda única por parte de vários Estados Membros, na impossibilidade de abranger todos.

Aproveitando tais facilidades, os Estados da União Europeia procuraram fortalecer o sistema financeiro, tendo ocorrido em diferentes países nacionalizações ou outras formas de intervenção financeira em Bancos mais expostos à crise do sub prime ou às situações de incumprimento de alguns Estados sul-americanos, com destaque especial para a Argentina.

Todos estamos recordados das imagens assustadoras da corrida aos balcões dos depositantes clientes do NORTHERN ROCK que evocavam perigosamente as fotografias de Wall Street no longínquo ano de 1929...

Seguiram-se outros bancos no Reino Unido e no Continente.

E um pequeno país fora da União Europeia, a Islândia, viu com estupefacção o seu sistema financeiro afundar-se, com a insolvência das principais instituições bancárias as quais, com total imprudência e irresponsabilidade e sem o adequado controlo de supervisão, se tinham aventurado em investimentos suicidas em produtos financeiros de alto risco cuja toxicidade se veio a revelar letal. Nesse país também se assistiu a situações que até agora eram inéditas: responsabilização criminal dos membros do Governo que tinham omitido os controlos ao Sistema financeiro, resposta, através de referendo dos cidadãos desse país, de que se não responsabilizariam perante entidades estrangeiras pelos incumprimentos dos seus bancos. Lembra o título de peça de DARIO FO, *"Não se paga, não se paga"*...

5.   O grande endividamento dos Estados europeus veio a tornar-se problemático no final de 2009, inícios de 2010, quando começaram a cair as notações das agências de rating relativamente à Grécia, à Irlanda e a Portugal.

II.- A Crise Financeira e o Direito

Todos estamos recordados dos dias sombrios do final de 2010 e do início de 2011 quando as agências de rating começaram a baixar as notações do Estado Português e de várias instituições financeiras e empresas públicas portuguesas.

Portugal pensava que estaria melhor do que a Grécia, mas começava a aperceber-se de que não estava imune ao contágio. A crise irlandesa, por outro lado, tornou-se inexplicável para nós, pois ao longo de quase duas décadas, havíamos querido ser o "bom aluno" da Comunidade Europeia, com os olhos postos no louvável exemplo da Irlanda, o caso de sucesso de adesão de um pequeno país que parecia ter tirado todas as virtualidades do enquadramento comunitário para atingir níveis elevados de crescimento económico.

6. Todos estamos lembrados também da prevenção do Ministro TEIXEIRA DOS SANTOS do limite inultrapassável em matéria de juros da dívida soberana portuguesa
— 7%. Não serve de consolo, mas é hoje a Itália que já viu ultrapassada essa barreira de segurança.

A verdade é que nos mercados agitados a dívida soberana ultrapassou rapidamente a lei de bronze que a teoria económica apontava e em breve se ultrapassaram os dois dígitos nos juros no mercado secundário.

Embora o Governo de SÓCRATES jurasse porfiadamente que não precisaríamos de seguir os passos da Grécia e da Irlanda e que uma terapia caseira com algum auxilio do BCE chegaria para ultrapassarmos as dificuldades, a verdade é que, não tendo uma maioria parlamentar, estava dependente da boa vontade do principal partido da Oposição para conseguir fazer passar no Parlamento os célebres PECS, Planos de Estabilidade e Crescimento, que o País estava vinculado a apresentar à Comissão Europeia anualmente.

Não vale a pena relatar como tudo acabou quando uma "coligação negativa" de todos os Partidos de Oposição levou à demissão do Governo e à convocação de eleições gerais.

A negociação que se seguiu com o BCE, a Comissão Europeia e o Fundo Monetário Internacional, a salvífica TROIKA, ditou os termos em que o País seria resgatado.

III.-A Situação De Emergência Económica E Seus Reflexos Jurídicos

7.   Como se sabe, a Constituição da República Portuguesa prevê no seu art. 19.º um *"sistema de controlo de crises"*[51] ou de *"excepção constitucional"* em que se faz, de acordo com a gravidade da ameaça, uma diferenciação entre o estado de sítio, mais grave, e o estado de emergência, menos grave.

Neste quadro, GABRIEL PRADO LEAL formula, em estimulante estudo sobre o estado de excepção económica, a seguinte questão: *"Em sua origem, os regimes de excepção constitucional foram mesmo delineados para permitir a suspensão apenas dos direitos de liberdade, relacionados directamente com a preservação da ordem contra perturbações de origem político-militar. Porém, em uma crise económica, os direitos fundamentais mais ameaçados são os económicos, sociais e culturais, que consubstanciam o núcleo dos direitos prestacionais. Será possível cogitar a sua suspensão, ainda que ausente a previsão constitucional expressa?"*[52]

Não parece possível, sem arrimo no texto constitucional, admitir a situação de emergência económica, que permita a pura e simples suspensão de direitos fundamentais, nomeadamente de direitos e deveres sociais. De facto, *"os órgãos de soberania não podem, conjunta ou separadamente, suspender o exercício dos direitos, liberdades e garantias, salvo em caso de estado de sítio ou de estado de emergência, declarados na forma prevista na Constituição"* (art. 19.º, n.º 1, da

---

[51]) Utilizamos a expressão de Gabriel Prado Leal, in *"Excessão económica e governo das crises nas democracias"*, in Sustentabilidade Fiscal em Tempos de Crise, ob. collectiva coordenada por J. Casalta Nabais e Suzana Tavares da Silva, Coimbra, Almedina, 2011, pág. 120.
Sobre o art. 19.º da CRP vejam-se G. Canotilho e Vital Moreira, CRP – Constituição da República Portuguesa Anotado, I, 4.ª ed., Coimbra, Coimbra Editora, 2007, págs. 397-405. Jorge Miranda e Rui Medeiros, Constituição Portuguesa Anotada, I, 2.ª ed., Coimbra, W.Kluwer/Coimbra Editora, 2010, págs. 405-414.
[52] Estudo cit., ob. cit., pág. 120.

Constituição).

As dificuldades decorrentes de uma crise financeira não podem seguramente qualificar-se como uma <u>calamidade pública</u>, expressão reservada para catástrofes naturais (terramotos, inundações, incêndios de grande gravidade) ou sanitária (surto infeccioso incontrolável), as quais postulam tradicionalmente um <u>iusextremaenecessitatis</u>.

A verdade é que, sem ir a esse extremo, têm sido encontrados pelas jurisprudências constitucionais e pela doutrina mecanismos justificativos de certas restrições legislativas temporárias na área dos direitos económicos e sociais[53], independentemente do texto constitucional em concreto ou de uma antecipação fáctica de uma revisão constitucional extraordinária e iminente.

Apesar de se esgrimirem na doutrina e na jurisprudência constitucionais certos tópicos conflituais como a proibição de retrocesso legislativo, por um lado, e o carácter programático de alguns direitos sociais ou a reserva económica do possível, a verdade é que, em casos paradigmáticos, as jurisdições constitucionais têm salvo as medidas legislativas de combate à crise, sem prejuízo de exemplos históricos marcantes de uma longa luta entre a Administração Roosevelt e o Supremo Tribunal Americano, com sucessivas inconstitucionalizações de legislação económica por alegada violação do espírito liberal da Constituição. Sabe-se que, ao fim de seis anos, através da substituição de juízes vencidos pela lei da vida (ou da morte...) a situação se veio a alterar.

Por curiosidade, aludiremos a dois exemplos concretos desta

---

[53] DA CUNHA LOPES , in "Cortes, Jueces y Doctrina. Breve ensayo comparativo sobre la jurisprudencia en materia de protección de los DESC , *CIENCIA NICOLAITA, numero 67, (2016)*

"benevolência" dos Tribunais Constitucionais.

O primeiro exemplo vem do Brasil e é referido por GABRIEL PRADO LEAL no seu já citado estudo.

O Estado do Rio Grande do Sul impugnou em 2007, através de "Suspensão de Segurança", uma decisão liminar de um tribunal desse Estado da União que, em sede de mandado de segurança, suspendera a determinação do governo estadual de limitar o pagamento dos servidores públicos até 2.500 reais no mês a vencer, fixando calendário, no mês seguinte, para pagamento da restante remuneração. O tribunal a quo havia fundamentado a sua decisão em disposição expressa do art. 35.º da Constituição Estadual, que fixa prazo para pagamento.

Segundo o relato deste autor, o *"Ministro Gilmar Mendes [presidente à época do Supremo Tribunal Federal] reconheceu a constitucionalidade do referido artigo 35.º, mas observou que, embora plenamente válido, seria preciso interpretá-lo de acordo com a realidade fáctica, uma vez que «é notório que a administração pública estadual não dispunha, naquele momento, de recursos financeiros suficientes para o cumprimento de todas as suas obrigações». Para ele a excepcionalidade da situação justificaria o descumprimento da norma. Com o apoio no pensamento jurídico do possível, o Ministro sustentou, então, que «a eficácia da norma constitucional do artigo 35.º da Constituição do Estado do Rio Grande do Sul [...] depende de um estado de normalidade das finanças públicas estaduais»"*[54]

O segundo exemplo vem de Portugal e diz respeito à fiscalização abstracta sucessiva de três preceitos da Lei de Orçamento de Estado para 2011 referentes à redução das remunerações totais ilíquidas mensais dos titulares dos Órgãos de Soberania, altos cargos públicos e de outros órgãos

---

[54] Estudo cit., ob. cit., pág. 127

constitucionais, membros e trabalhadores do gabinetes, militares, pessoal dirigente da Função Pública, e outros servidores e trabalhadores da Função Pública, bem como a várias reduções de componentes do sistema retributivo de magistrados juízes e magistrados do Ministério Público. A fiscalização de constitucionalidade[55] fora requerida por um grupo de Deputados da Assembleia da República. Por maioria, com três votos de vencido, o Tribunal Constitucional, através do Acórdão n.º 396/2011 (relatora Cons.ª Lúcia Amaral)[56], decidiu não declarar a inconstitucionalidade material requerida.

Nessa decisão muito criticada, o Tribunal Constitucional considerou que, apesar de não se prever termo para a redução entre 3,5% e 10% de um amplo universo de pessoas que recebem retribuições pagas por dinheiros públicos e que auferam mais de €1.500,00, daí não se podia inferir *"o carácter definitivo da vigência de tais normas. É necessário ter aqui em conta a natureza que revestem os preceitos constitucionais relativos à vigência das leis do Orçamento".* Não seria, porém, assim relativamente às reduções em 20% dos subsídios atribuídos a magistrados equiparados a ajudas de custo, dado o seu carácter percentual e aparentemente sem limite de vigência.

E apelando às condicionantes da situação fáctica ou real, pode ler-se neste acórdão:

"... Mas não pode ignorar-se que as reduções remuneratórias estabelecidas na lei do Orçamento do Estado de 2011 têm como objectivo final a diminuição do défice orçamental para um valor precisamente quantificado, respeitador do limite estabelecido

---

[55] Ver Da Cunha Lopes y L. Pegoraro in A contribuição da doutrina na jurisdição constitucional portuguesa e brasileira, Amazon Books, 2014

[56] In Diário da República, II Série, n.º 199, de 17 de Outubro de 2011

pela União Europeia, no quadro das regras da união económica e monetária. Para o efeito, foi estabelecida uma calendarização por etapas anuais, sendo que a satisfação plena de tal objecto só se atingirá, de acordo com o programado, em 2013[...]

Neste contexto, pode dizer-se que as medidas de diminuição da despesa pública inscritas no orçamento de 2011 mais não representam do que uma parcela, uma fase, de um programa cuja realização integral se estende por um horizonte temporal mais alargado. Não tendo o legislador optado, porém, por estabelecer expressamente para as reduções remuneratórias uma vigência correspondente à do PEC (2010-2013), esse dado não invalida a conclusão de que elas vigorarão segundo a sua natureza de medidas carácter orçamental, ou seja, anualmente caducando no termo do ano em curso. Apenas leva a dar como praticamente certa, porque necessária para o cumprimento das vinculações assumidas, a repetição de medidas de carácter idêntico, para vigorar nos anos correspondentes aos da execução do programa que as justifica e em que se integram, ou seja, até 2013."

Temos claramente neste texto o afloramento do sistema da <u>reserva do possível</u> ou do estado de emergência económica, o recurso ao velho brocando romano "*saluspopuli suprema lex esto*" que justificava os períodos de ditadura na velha Roma. Dai que o Tribunal Constitucional tenha acentuado que a eventual plurianualidade das medidas "*se insere num «contexto de excepcionalidade», não visando qualquer tipo de retrocesso social, mas sim o cumprimento das metas resultantes do Pacto de Estabilidade e Crescimento*". Faz-se, assim, apelo às "*condições excepcionais e extremamente adversas para a manutenção e sustentabilidade do Estado Social*".

E no plano das relações laborais públicas e privadas, o Acórdão em análise aponta para que a *irredutibilidade dos salários* não tem assento constitucional, mas apenas na lei ordinária, aparecendo apenas na legislação infraconstitucional, com a consequência de que pode sempre ser alterada por lei, embora o que esteja proibido, *"em termos absolutos, é apenas que a entidade empregadora, tanto pública como privada, diminua arbitrariamente o quantitativo da remuneração, sem adequado suporte normativo".* No quadro das convenções internacionais de que o Estado Português é parte, nomeadamente da Convenção n.º 95 da OIT, ratificada em 1981, será possível a redução salarial dos trabalhadores privados, desde que não ocorra diminuição arbitrária por parte da entidade patronal, sem suporte normativo.

Creio, por isso, que, a manter-se a doutrina deste Acórdão, dificilmente será de esperar inconstitucionalizações de medidas legislativas de supressão dos subsídios de férias e de Natal, relativamente a trabalhadores públicos e privados [57].

A questão será resolvida em termos políticos, não sendo de esperar que no plano jurídico possam ser erguidos diques de contenção face às exigências publicitadas da TROIKA, sobretudo do FMI.

É claro que a redução de pensões pagas pela Segurança Social a trabalhadores privados poderá revestir-se de alguma especificidade, face ao discurso do Acórdão n.º 396/2011. Veremos o que irá suceder, não se podendo olvidar que parte dos juízes que votaram este Acórdão deverão ser substituídos no primeiro semestre de 2012.

Seja como for, é seguro que a diminuição de receitas fiscais que se vem verificando no corrente ano vai agravar-se e que a sustentabilidade fiscal do Estado – com o crédito cortado nos mercados e o recurso limitado

---

[57] Sobre o princípio da irredutibilidade dos salários vejam-se Pedro Romano Martinez, Direito do Trabalho, 5.ª ed., Coimbra, Almedina, 2010, págs. 649 e segs; Diogo Vaz Marecos, Código do Trabalho Anotado, Coimbra, WKluwer/Coimbra Editora, 2010, págs. 338-339.

ao BCE –acarretará a<u>retracção do Estado Social</u>,que irá continuar inexoravelmente.

As Consequências Da Crise: Previsíveis Alteraçõesno Direito Do Trabalho

8.   Para além da redução salarial referida, é curioso que deixou de se falar na urgente revisão constitucional que o PSD advogou, após a escolha de PASSOS COELHO como líder.

A existência de uma ampla maioria partidária vinculada pelo *"Memorando de Entendimento sobre as condicionalidades de política económica"*, acordado com a Comissão Europeia e do *"Memorando de Políticas Económicas e Financeiras"* acordado com o FMI não torna urgente tal revisão, sobretudo em matéria laboral.

O caminho trilhado já com a publicação da primeira Lei de Alteração ao Código do Trabalho (Lei n.º 53/2011, de 14 de Outubro) e as modificações que se anunciaram para este último diploma no contexto da aprovação iminente do Orçamento de Estado para 2012 levarão a tornar mais barato o despedimento de trabalhadores, nomeadamente os despedimentos colectivos ou por extinção do posto de trabalho. Por ora, estamos face ao aditamento do art. 366.º-A ao Código de Trabalho, mas tudo indica que o novo cálculo de indemnizações acabará por ser aplicado aos contratos agora não abrangidos (contratos vigentes na data da entrada em vigor da referida Lei n.º 53/2011).

São de esperar igualmente alterações processuais destinadas a acelerar toda a matéria de despedimentos, embora sejam previsíveis fortes reacções dos organismos sindicais, ainda que o contexto de crise não seja propício a lutas prolongadas dos trabalhadores.

Mantendo-se os mecanismos de concertação social, é de recear que os mesmos sejam impotentes para evitar a adopção de mecanismos mais gravosos no domínio da relação laboral.

IV.-As Consequências Da Crise: O "Encolhimento" Dos Direitos Sociais, No Âmbito Da Segurança Social

9. O modelo social europeu que a Administração OBAMA tentou louvar para fazer aprovar a sempre adiada Reforma da Saúde nos Estados Unidos está sob fogo generalizado dos próceres do neo-capitalismo, sobretudo os norte-americanos que aproveitamdo movimento do Tea party cujas críticas inspiram os principais candidatos presidenciais do campo republicano que lutam pela nomeação.

Há mesmo teorias "conspirativas", publicadas na imprensa e subscritas por respeitáveis académicos, que sustentam que o calendário conservador norte- americano não é alheio às baixas de notação das agências de rating e que o ataque ao euro e à economia da União Europeia visa, em última instância, criar condições de afastamento entre esta e os Estados Unidos e pôr definitivamente em causa o modelo social europeu.

As dificuldades orçamentais e o afastamento de vários Estados do euro dos mercados, inviabilizando a continuação do endividamento, vão ter necessariamente consequências recessivas nas economias mais frágeis, pondo em causa a sustentabilidade fiscal e financeira do Estado social.

Portugal, segundo os indicadores de 2009 – anteriores ainda aos resultados do último Censo – é um país envelhecido, em que nos seus cerca de 10 milhões de nacionais – a população residente, incluindo estrangeiros, é estimada em 10,6 milhões de pessoas – quase um quinto tem mais de 65 anos. O índice de envelhecimento anda pelos 116,5% (relação entre idosos/jovens x100), sendo a taxa bruta de natalidade ligeiramente inferior à taxa de mortalidade.

Neste contexto e numa tendência geral do empobrecimento da população, com uma taxa de desemprego de mais de 12% e com tendência para aumentar, a pressão sobre as prestações sociais até aqui a cargo do Estado tende a agravar-se.

São, por isso, de esperar diversas alterações no regime dessas prestações sociais, aumentando as taxas moderadoras do Serviço Nacional de Saúde, restringindo os meios materiais e humanos deste, o que tudo acarretará mudanças legislativas, para além das medidas administrativas que traduzem diferentes políticas económicas.Inevitavelmente, a qualidade das prestações tenderá, mais ou menos lentamente, a degradar-se.

Na segurança social, algumas conquistas tidas por irreversíveis poderão ser postas em causa com o argumento da "emergência social" e da "reserva do possível".

Todavia, neste domínio a Constituição é exigente e existe uma ampla jurisprudência constitucional que dificilmente poderá ser desconhecida[58]. Por outro lado, as instituições democráticas terão de velar por que as restrições das prestações sociais não ponham em causa o princípio inultrapassável da dignidade da pessoa humana, o qual não é só tutelado pelo Estado, como também pelas obrigações da assistência familiar[59]. Mas

---

[58] Veja-se a análise muito completa dessa jurisprudência in João Carlos Loureiro, "*Proteger é preciso, viver também: a jurisprudência constitucional portuguesa e o direito da segurança social*", in <u>XXV Anos de Jurisprudência Constitucional Portuguesa</u>, Coimbra, Coimbra Editora, 2009, págs. 255-398.

[59] Ver, por exemplo, o Acórdão n.º 525/01 (in <u>Acórdãos do Tribunal Constitucional</u>, n.º 52,

há exigência constitucionais que não podem ser descartadas, como sejam o direito ao subsídio do desemprego, ao rendimento social de inserção, entre outros. Simplesmente, o quantum desses subsídios não é garantido e dificilmente se poderá aqui apelar a um princípio de proibição de retrocesso social.

V.-As Consequências da Crise no Plano do Direito Privado .O sobreendividamento e os seus reflexos nos direitos processuais e na organização judiciária

10.   No plano do direito privado, incluindo o direito processual civil, creio que as eventuais modificações terão sobretudo a ver com o fenómeno de sobreendividamento das pessoas e das famílias, decorrente da desenfreada expansão do crédito ao consumo nos E.U.A. e na União Europeia.

Como escreve FREI BENTO DOMINGUES no prefácio da tradução portuguesa de um Manifesto impressionante de autor francês anónimo, Insolvables!

"Já não importa ter ou não ter dinheiro. O que importa é ter crédito e este é dado pela Banca. Esta faz publicidade de tudo. A Banca incita a comprar, a gastar. Ela lá está para emprestar. O seu delírio faz delirar os desejos mais absurdos. Pode-se ter tudo a crédito: bens de primeira necessidade, produtos de luxo, viagens, férias, casas, carros, festas de casamento e baptizado. Depois, esperem pelo resto. Tornaram-se insolventes, como mostra este livro admirável. Só há remédio na conversão do desejo."[10]

Neste Manifesto anticapitalista, que contém uma acusação duríssima

___

págs. 415 e segs).

contra os Bancos no seu conjunto – qualificados como *"donos do mundo [...]*, *como louva-a- deus demoníacos, predadores de mandíbulas canibais, sem outra religião para além do prazer imediato do dinheiro, [que] despojam os clientes que acreditam ser beneficiados e matam-nos sem escrúpulos em pequenas mensalidades"*[60]–são indicados números em relação à França que não podem ser ignorados: 4 milhões de desempregados, 6 milhões de sobreendividados, 7 a 9 milhões abaixo do limiar da pobreza. Mas a situação replica-se em todo o mundo industrializado e consumista.

Em Portugal, os números são talvez mais impressionantes do que os da França, sobretudo no que diz respeito à percentagem dos desempregados. Existem quase dois milhões de pobres, ou seja, 700.000 famílias que vivem com menos de 400 euros por mês, existem 2 milhões de famílias (57% da população) que, em média, dispõem de 1600 euros mensais (os rendimentos oscilam entre os 10.000 e os 27.000 euros anuais). É o que se poderá chamar-se a classe média. Apenas cerca de 5% da população dispõe de rendimentos brutos de 5.000 euros mês e é neste segmento (como na classe média mais abonada) que vêm ocorrendo os mais preocupantes casos de sobreendividamento. Para rematar, só 1% da população (100.000 pessoas ou 37 mil famílias) vivem com mais de 150.000 euros por ano[61].

É neste momento sobre os funcionários ou agentes do sector público e sobre todos os pensionistas que incidem as reduções salariais ou das pensões.

As situações de desemprego que atingem um ou dois membros de

---

[60] Prefácio a "Falidos! Um grito de esperança no meio da crise", Porto, Porto Editora, 2011, pág. 8

[61] Ob.cit., pág. 27

uma família geram o descalabro financeiro, pois à diminuição dos rendimentos mensais associa-se a situação de incumprimento das obrigações de reembolso dos créditos obtidos. É a palavra default, tanto utilizada no jargão dos economistas. É caso de perguntar se em situações deste tipo não se justificará uma modificação contratual ao abrigo do art. 437.º do Código Civil.

O aumento anual das pendências executivas e a explosão das injunções traduzem, em grande parte dos casos, as consequências do sobreendividamento. O valor médio das execuções não ultrapassa os 5.000 euros e, em termos numéricos, uma elevada percentagem dessas execuções situa-se mesmo abaixo dos 2.500 euros. O problema agudiza-se quando a mesma pessoa ou família tem pendentes contra si três ou quatro execuções e está na iminência de ser executada pelas dívidas acumuladas do financiamento concedido para a habitação.[62]

Acossados pelos credores, pelos cobradores de fraque e por outros profissionais do género, destinatários de cartas não abertas dirigidas por outros credores, a saída mais fácil acaba por ser o requerimento de insolvência com a expressão de, no final de cinco anos, se poder imaginar um freshstart… Até lá, uma parte significativa dos rendimentos que restam são entregues ao administrador de insolvência e todos os tipos de privações vão sendo experimentados. Alguns tentam a emigração, alguns procuram a ajuda da família, o risco de suicídio permanece no horizonte de alguns.

---

[62] Números referentes a 2008, referidos por Martim Avillex Figueiredo em *"Existe alguma possibilidade de sair destecrise?"*, in Portugal para além da crise, ob. colectiva, Lisboa, Universidade Católica portuguesa 2011, págs. 26-27.

11. Neste contexto do sobreendividamento das famílias e dos particulares, o Estado é pressionado para encarar a melhoria da eficiência da máquina judiciária e dos diferentes processos.

Entre nós, a Reforma da Acção Executiva (2003) criou um novo profissional liberal, o solicitador de execução.Em 2008, o Decreto-Lei n.º 226/2008, de 20 de Novembro, procurou afastar o mais possível o juiz e a secretaria das execuções, conferindo excessivos poderes aos agentes de execução, só deixando intervir o primeiro daqueles quando seja inultrapassável a reserva do juiz.

Face ao elevadíssimo número de pendências executivas, os consultores da TROIKA exigem medidas simplificadoras, mostrando-se mesmo surpreendidos com os pruridos nacionais de observância das garantias constitucionais. Nas execuções dos despejos propõem-se soluções de remoção imediata dos inquilinos faltosos, manumilitari se necessário, acolhendo-se as soluções mais expeditas dos norte- americanos e dos ingleses na matéria.

Tendo-se apercebido de que o número excessivo de mais de um milhão de execuções pendentes engloba uma elevada percentagem de falsas pendências (acordos de pagamento em prestações, execuções paradas por falta de bens penhoráveis, execuções deixadas ir à conta, etc.), aconselham vivamente o Ministério da Justiça a levar acabo medidas de saneamento da situação presente, pondo termo às falsas pendências.

12. Relativamente aos litígios entre empresas, a TROIKA acolheu favoravelmente o propósito dos anteriores Governos e do presente de substituir a Lei de Arbitragem Voluntária de 1986 por uma nova Lei de Arbitragem mais moderna, inspirada na Lei- Modelo da CNUDCI.

Além de acompanharem os trabalhos de preparação da lei, sugerindo soluções tidas por mais expeditas, pretendiam mesmo que fosse consagrada uma prioridade na execução das sentenças arbitrais....

A verdade é que os trabalhos de preparação da nova LAV se arrastaram inglória e inexplicavelmente entre Março de 2009 e Maio de 2011, mas com o "empurrão" da TROIKA a Lei foi aprovada em três meses, acolhendo o Governo actual plenamente o Projecto da APA de 2009, revisto em 2010.

Do mesmo modo, pressiona o Governo no sentido de simplificar o processo declarativo comum, importando para a respectiva regulamentação o que tenha sido valorado favoravelmente no Regime Processual Experimental.

Igualmente estão na calha alterações pontuais ao Código de Insolvência e de Recuperação da Empresa (CIRE) e ao Regulamento de Custas Processuais.

E os particulares e as empresas procuram frequentemente evitar todos os custos– de diferente ordem – de uma insolvência, recorrendo a formas privadas de liquidação de património quando as dívidas no sector público são inexistentes ou pouco significativas: dações em pagamento ou cessões de bens aos credores, cessões de créditos cobráveis, etc.

13.   Neste pano de fundo, recorta-se a questão da organização judiciária. O actual Governo viu-se confrontado com a necessidade de implementar a Lei da Organização e Funcionamento dos Tribunais Judiciais de 2008, com fortes pressões nesse sentido.

Logrou todavia convencer as novas figuras tutelares de que era demasiado cara a implementação dessa Organização Judiciária – que comportava 39 "grandes" comarcas – sustentando que o número deve ser substancialmente menor (20 grandes comarcas, 18 das quais coincidentes com a área dos distritos-administrativos).

A crise condiciona, assim, a malha judiciária, em termos que não são perfeitamente claros no presente momento.relativamente aos contratos obrigacionais – de natureza civil ou comercial – importa dizer que as alterações de circunstâncias estão previstas nos arts. 437.º e 439.º do Código Civil como instituto que pode dar origem à resolução de um contrato a requerimento da parte lesada ou à modificação dele segundo juízos de equidade.

Poderá ser um instituto a que venha a recorrer-se com mais frequência se vierem a verificar-se factos a que se alude amiúdas vezes com a esperança de que não venham a ocorrer, nomeadamente a saída do País da União Europeia e, concomitantemente, do euro.

Como se sabe, a seguir à I Guerra Mundial os tribunais europeus, sobretudo os alemães, ocuparam-se de casos em que as desvalorizações galopantes de certas moedas – com destaque para o marco – afectaram irremediavelmente a justiça contratual. Eram os célebres casos de preços fixados antes da inflação galopante, os casos de taxas de câmbio fixadas e de cotações bolsistas. Como recorda KARL LARENZ numa bem conhecida obra sobre a base do contrato, devido ao facto de o BGB não solucionar especificamente os problemas de alterações de circunstâncias.

"… a jurisprudência alemã esforçou-se durante a primeira guerra mundial e depois desta por proferir sentenças objectivamente justas, ao princípio mediante uma interpretação extensiva do conceito de impossibilidade da prestação do §275.º do Código Civil (quer dizer, a denominada «impossibilidade económica»); posteriormente, mediante a «interpretação integradora do contrato» (§157.º do CC), e, finalmente, mediante a aplicação imediata do princípio da «boa-fé» expresso no §242.º do Código Civil. Através

da obra de PAUL OERTMANN, aparecida em 1921, sobre a «base do negócio»
cujas ideias foram rapidamente aceites, estes esforços alcançaram tanto uma fórmula em
relação a qual têm sido familiares desde então os juristas alemães, como o firme
fundamento de uma «teoria» metódica que determinasse de modo preciso o pressuposto de
facto e as consequências jurídicas'[63]

A reelaboração de LARENZ sobre o conceito de base do negócio tendo por pano de fundo as alterações de circunstâncias decorrentes da II Guerra Mundial, distinguindo a base subjectiva e a objectiva do negócio jurídico, inspirou as soluções do nosso Código Civil, aí se distinguindo claramente o erro subjectivo sobre os motivos e sobre a base do negócio (art. 252.º) por um lado, e a alteração de circunstâncias enquanto fundamento de resolução do negócio ou modificações segundo juízos de equidade, por outro.

Em períodos de crise, os tribunais portugueses dispõem, assim, de soluções normativas que permitem encontrar com facilidade a justiça do caso concreto.

VI.-As Alterações De Circunstâncias E Osempréstimos Imobiliários

14.   Uma situação bastante frequenteocorre nos empréstimos bancários para aquisição de imóveis, sendo o caso paradigmático o dos empréstimos para aquisição de habitação própria.

Em contratos celebrados há alguns anos, o empréstimo foi concedido em função do valor da avaliação (próximo do valor de mercado) da garantia, ou seja, do imóvel a adquirir com o produto do empréstimo.

---

[63] Base del Negocio Jurídico yCumplimiento de los Contratos, trad. espanhola, Madrid, Ed. Revista de Direito Privado, 1956, págs. 1-2.

Sabe-se que os valores de mercado dos prédios urbanos e suas fracções autónomas caíram fortemente desde 2009, havendo quem aponte para 30% a 40% de depreciação nos principais centros urbanos.

Em caso de execução da garantia hipotecária, é natural que o preço da venda do imóvel se venha a situar num nível inferior ao do valor actual de mercado do imóvel, quer seja o Banco a adquiri-lo por adjudicação ou compra, quer seja um terceiro.

Nestes casos, haverá uma parte significativa do crédito que não conseguirá ser satisfeita pelo produto de venda, continuando a entidade financiadora a dispor de um crédito sobre o mutuário e os seus eventuais fiadores ou avalistas.

Tal significará que o risco da desvalorização do imóvel recairá exclusivamente sobre o mutuário e os seus garantes.

Face a uma situação clara de alteração de circunstâncias, existe espaço para que os tribunais intervenham, porventura invocando a doutrina da boa fé para considerar que, uma vez executada a garantia hipotecária, a dívida se extingue pelas forças do objecto da garantia. Ao que parece, há já decisões de 1.ª instância nesse sentido.

Haverá igualmente espaço de intervenção para o próprio legislador, como de resto já foi proposto recentemente.

E sempre poderá, por acordo (ou judicialmente?) converter um mútuo para aquisição de habitação num arrendamento temporário, eventualmente através de dação em pagamento com cláusula a retro.

15.   Relativamente ao arrendamento urbano, é de esperar que aumentem as pressões dos senhorios para total liberalização do mercado, suprimindo-

se a "hipoteca social" que tem presidido às legislações vinculísticas do arrendamento introduzidas em 1986, 1990 e 2006, que subsistem ainda quanto aos arrendamentos de pretérito.

Resta saber se o Poder Político estará em condições de abrir mais uma frente de batalha, atingindo sobretudo as camadas da população urbana mais envelhecidas.

16. Haverá seguramente outras alterações no direito privado, mas as mesmas não são para mim imprevisíveis.

VII.-O fim da crise e o futuro

17. Como nos dizem os sociólogos, os economistas e os cultores da Ciência Política, as crises têm um processo cronológico, acabando por ter uma duração mais ou menos prolongada até se retomar uma certa normalidade.

Julgo que ninguém arrisca na Europa um prognóstico da duração da presente crise, a qual tem a ver com um rearranjo global de partilha do poder político e económico no Mundo.

A emergência de novas potências como a China, a India e o Brasil e um certo renascimento da Rússia, significarão o definhamento da superpotência E.U.A e, em dimensão mais acentuada, da União Europeia? A "locomotiva" alemã não quererá ou poderá puxar os países da União para um patamar de crescimento sustentável? A crise que atingiu os periféricos Grécia, Irlanda e Portugal (em conjunto 6% do PIB da União) estender-se-á a potências grandes como a Itália, a Espanha e, eventualmente, a França? Concordarão as potências emergentes dos BRIC em tomar sobre si parte da dívida da EU, permitindo uma alavancagem da economia europeia?

Estas interrogações irão ser respondidas com o tempo, mas parece que a fragilidade das lideranças do eixo franco-alemão – acentuada pela proximidade de eleições internas a disputar em condições adversas por SARKOZI e MERKEL – não augura um futuro radioso para a U.E.

Põe-se, por isso, o risco de alguns dos Estados serem "convidados" a sair da União e a abandonar o sistema euro, havendo numerosos Académicos e publicistas que asseguram que tal está para breve. Todavia, a questão não é só económica, é sobretudo política!

Em tal cenário catastrófico, o Estado, os Bancos nacionais, as famílias e as empresas manterão as dívidas titulados em euros mas as receitas futuras passarão a ser percebidas na moeda local renascida, com observância do princípio do nominalismo monetário, em contexto inflacionista inevitável, degradando-se continuamente a taxa de câmbio da moeda local. Poderá chegar-se à inconvertibilidade do novo escudo e a uma situação de falência global. Estaremos, por isso, longe das preocupações de já longínquo Regulamento n.º 1103/97 que disciplinara a introdução do euro, com salvaguarda do princípio de estabilidade dos contratos!

Mas mesmo que Portugal e os "suspeitos do costume" se mantenham no sistema euro, o empobrecimento global será significativo e todos os Estados terão de adoptar políticas recessivas impostas pelos credores externos. A conflitualidade social não deverá, por isso, abrandar, antes se agravará, sendo duvidoso que o carácter tradicionalmente ordeiro se mantenha com a intervenção de muitos descontentes desenquadrados.

18.   Não é possível prever como evoluirá o sistema jurídico e qual o figurino constitucional que virá a ser adoptado. A constituição do Século XXI, mantendo embora o regime democrático, será radicalmente diferente da Constituição compromissória que temos e que resulta em grande

parte das alterações que o partido-de-regime – o Partido Socialista – tem aceite, de forma mais ou menos convencida?[64]

Entramos num domínio difícil de vaticinar, mas creio que é seguro que iremos ter saudades dos gloriosos anos noventa do passado século quando o sonho era europeu e não se tinha a consciência plena de que 20% da população humana consome 86% dos recursos da Terra!

Receio que para todos nós o sonho se tenha tornado um pesadelo e que- salvo um milagre – o empobrecimento generalizado aprofunde um clima de insegurança e de confronto social, não sendo perfeitamente claro se o fim da crise corresponderá a uma situação de maior justiça ou antes a um acumular de injustiças.

É bom não esquecer que, *"em casa em que não há pão, todos ralham e ninguém tem razão"*.

Com esperança,porém, devemos confiar que virão melhores dias. Não é impunemente que o nosso País tem quase nove séculos de história e que tem superado frequentes crises ao longo da sua vida como Nação independente. E talvez a Europa à beira do precipício consiga ainda dar um passo atrás.

REFERENCIAS BIBLIOGRÁFICAS

AGUIAR, J (2011) *"A nossa Constituição no contexto da crise da primeira década do Século XXI"*, in Portugal hoje para além da crise págs. 84 e segs

CASTRO LOUREIRO,J. (2009) , *"Proteger é preciso, viver também: a*

---

[64]) Sobre a assimetria do sistema partidário português veja-se Joaquim Aguiar *"A nossa Constituição no contexto da crise da primeira década do Século XXI"*, in Portugal hoje para além da crise cit., págs. 84 e segs

jurisprudência constitucional portuguesa e o direito da segurança social", in <u>XXV Anos de Jurisprudência Constitucional Portuguesa</u>, Coimbra, Coimbra Editora, págs. 255-398.

DA CUNHA LOPES , T.M.G. (2016) "Cortes, Jueces y Doctrina. Breve ensayo comparativo sobre la jurisprudencia en materia de protección de los DESC , *CIENCIA NICOLAITA, numero 67, UMSNH*

DA CUNHA LOPES, T. ; PEGORARO, L. (2014). A contribuição da doutrina na jurisdição constitucional portuguesa e brasileira. Selected works Bepress /Amazon Books Consultable en https://works.bepress.com/teresa_dacunhalopes/10/

FIGUEIREDO, M.A.(2011) *"Existe alguma possibilidade de sair destecrise?"*, in <u>Portugal para além da crise</u>, ob. colectiva, Lisboa, Universidade Católica portuguesa , págs. 26-27.

LARENZ, K. (1956) Base del Negocio Jurídico yCumplimiento de los Contratos, trad. espanhola, Madrid, Ed. Revista de Direito Privado

Capítulo 3.-La protección multinivel y el diálogo judicial en el sistema interamericano de derechos humanos

Alejandro Díaz Pérez[65]

(México)

I.- La protección multinivel

¿Qué implica la protección multinivel de los derechos humanos?

El concepto de protección multinivel puede abordarse desde dos dimensiones: por una parte, el problema de la gobernanza multinivel, y de otra, su aplicación a la protección de los derechos humanos[66].

La idea de "gobernanza multinivel tiene su origen en los debates respecto a la integración europea en los primeros años de la década de los noventa. La idea surge como una reacción al paradigma dominante hasta ese momento, que explicaba la integración europea como un proceso en el que los protagonistas eran los gobiernos centrales de los Estados miembros.

---

[65]Licenciado en Derecho y Ciencias Sociales, Universidad Michoacana de San Nicolás de Hidalgo. Especialidad en Derecho Procesal, División de Estudios de Posgrado UMSNH. Master en Gobernanza y Derecho Humanos, Universidad Autónoma de Madrid, España. *Visitante profesional* en la Corte Interamericana de Derechos Humanos. Columnista de *"Grupo Crónicas Revista"*. Investigador de la *think tank* "Plataforma de pensamiento crítico", Madrid, España.

[66] BANDEIRA, G., UREÑA, R y TORRES, A. (coords.), *Protección multinivel de los derechos. Manual*, Red de Derechos Humanos y Educación Superior. Barcelona, 2013, p. 18

Por tanto, si bien el gobierno central de los Estados miembros no desaparecía como actor del proyecto de gobernanza europeo, la realidad es que existían muchos otros actores, que actuaban tanto al nivel nacional, como al nivel sub-nacional y al nivel supra-nacional. De allí que el europeo pudiera ser descrito como un modelo "multinivel", pues estaba compuesto por gobiernos nacionales, pero también por instituciones que existían en un plano más allá del tradicional Estado–Nación[67].

Ahora bien, la transformación más patente y de mayor trascendencia que ahora mismo está experimentando el derecho público es sin duda la que, difuminando en buena medida la divisoria clásica entre lo nacional y lo internacional, se está modificando sustancialmente la idea moderna de constitución[68]. Esta moderna concepción hace visualizar a la constitución como una norma suprema establecida a través de un acto de voluntad popular (expresión de un demos) que regula de manera suprema y omnicomprensiva el ejercicio del poder público sobre un territorio determinado.

La consecuencia de la difuminación entre lo interno y lo externo ha provocado en la actualidad la existencia de dos fenómenos, a saber, i) la "constitucionalización del derecho internacional" y ii) la "internacionalización del derecho constitucional". Sin embargo cada una de

---

[67] Ibíd.

[68] Una reflexión muy interesante sobre este particular y otros vinculados con el constitucionalismo global son expuestos en BAYÓN, J. C "El constitucionalismo en la esfera pública global", *Anuario de Filosofía del Derecho*, vol. 29 (2013) pp. 57-99.

esas expresiones se maneja en la actualidad en varios sentidos no enteramente coincidentes[69]. Quienes hablan del término constitucionalización del derecho internacional[70] aluden fundamentalmente a algunas de las siguientes ideas:

1) A una serie de transformaciones que se afirma que el derecho internacional público contemporáneo ha experimentado (erosión del requisito del consentimiento para la asunción de obligaciones por parte de los Estados, habida cuenta del reconocimiento de normas de *ius cogens* y obligaciones *erga omnes*; diferenciación jerárquica entre las normas de derecho internacional, de manera que algunas de ellas ocuparían una posición de supremacía respecto al resto, etc.).

2) A transformaciones que se propugna que debería experimentar (en el sentido de extender a las organizaciones supranacionales el tipo de mecanismos institucionales que en el constitucionalismo estatal posibilitan el imperio de la ley, la legitimidad democrática y la garantía de los derechos fundamentales);

3) A la consideración como autónomos de determinados ordenamientos supranacionales -y, consiguientemente, a la consideración de sus tratados, así como a documentos de naturaleza constitucional[71].

Esta aproximación constitucional al derecho internacional goza de algunas ventajas frente otras concepciones actuales. En este sentido, se hace

---

[69] Ibíd.

[70] Autores como: KLABBERS, J., A. PETERS y G. ULFSTEIN, 2009: *The Constitutionalization of International Law*, Oxford, Oxford University Press.

[71] Estas precisiones están enteramente señaladas en BAYÓN, J. C "El constitucionalismo en la esfera pública global", *Anuario de Filosofía del Derecho*, vol. 29 (2013) pp. 57-99.

énfasis en la existencia de "redes" donde participan funcionarios internacionales y agentes de los Estados quienes pueden aportar importantes datos e ideas sobre la manera en que el sistema internacional opera.

Se apunta a la necesidad de ahondar en la compresión del reflejo normativo del alcance de las transformaciones que el Estados constitucional viene causando por su denso desarrollo en lo cualitativo como en lo cuantitativo, de unas relaciones internacionales que lejos de ceñirse a los ámbitos tradicionales de la política exterior, contribuyen a la articulación iusinternacional de las relaciones económicas y jurídicas[72].

En Europa este fenómeno se ha ido patentando como un proceso a través del cual el ordenamiento comunitario ha ido adquiriendo rasgos que lo han ido aproximando a un ordenamiento de tipo constitucional[73]. En América Latina una tradición constitucional que, si bien hunde sus raíces en el constitucionalismo europeo y estadounidense de fines del siglo XVIII y principios del siglo XIX, se ha desarrollado siguiendo caminos propios, pero con un intenso intercambio entre los países de la región con los ordenamientos constitucionales de Europa. Ha logrado la apertura de sus constituciones locales al Derecho Internacional y puede encontrarse en camino de articular un derecho constitucional común latinoamericano" —

---

[72] LOPEZ CASTILLO, A. "Constitución y constitucionalización en la Europa de entre siglos", cit., pp. 113-153.

[73] TORRES PÉREZ, A. "En defensa del pluralismo constitucional", en J. I. Ugartemendia y G. Jáuregui (coords.), *Derecho constitucional europeo*, Valencia, Tirant lo Blanch, 2011, pp. 155-178.

un ius constitutionale commune[74]— en América Latina.

Ahora bien, respecto de quienes aluden a la idea de internacionalización del derecho constitucional se tiene en mente sobre todo dos cuestiones. La primera tiene que ver con la conversión de las constituciones de los Estados involucrados en procesos de integración supranacional en "constituciones compuestas", y una segunda para hacer referencia a la práctica, cada vez más extendida, consistente en que a la hora de interpretar las normas de derechos fundamentales de su propia constitución los tribunales de un Estado tomen en cuenta, aunque no sean vinculantes para ellos, las soluciones a las que han llegado los tribunales de Estados diferentes o de regímenes supranacionales de los que no forman parte cuando se han enfrentado a problemas similares[75].

Este tipo de prácticas puede observarse con la extendida aplicación a nivel internacional del principio de proporcionalidad. Ha ido aumentado considerablemente el número de jueces que utilizan este principio basándose en la jurisprudencia del *Bundesverfassungsgericht* (Tribunal Constitucional de Alemania) a partir de los años 70s. Se ha invocado este principio en distintas sentencias del Tribunal Europeo de Derechos Humanos (*Handyside vs Reino Unido*), el Tribunal de Justicia de la Unión Europea (*Marguerite Johnston vs Chief Constable of the Royal Ulster Constabulary*), además de otros tribunales en Canadá (*R. vs Oakes*), Sudáfrica (*State vs*

---

[74] Para profundizar en esta temática específica vid. VON BOGDANDY, A. FERRER MAC-GREGOR E., MORALES ANTONIAZZI, M. (coords.) *La justicia constitucional y su internacionalización ¿Hacia un ius constitutionale commune en América Latina?*, Tomo 1, UNAM, México 2010.

[75] BAYÓN, J. C "El constitucionalismo en la esfera pública global", cit., pp. 57-99.

Zuma), Israel (*United Mizrahi Bank Lmt vs Migdal Cooperative Village*), Australia (*Kartinyeri vs The Commonwealth*), Nueva Zelanda (*Ministry of Transport vs Noort*), Irlanda (*Blascaod Mor Teoranta vs Commissioners of Public Works in Ireland*)[76], España (los fallos del Tribunal Constitucional 85/1992 y STC 111/1993), de la misma forma esto se observa en el continente americano, en Estados Unidos La Corte Suprema (*Columbia vs Heller*), Colombia la Corte Constitucional (*Sentencia C-822/2005*), México la Suprema Corte de Justicia de la Nación (amparos en revisión 1659/2006 y 2806/2012).

El clima actual de apertura a los principios del ordenamiento internacional hace presente la no existencia de relaciones de jerarquía (desde el punto de vista típicamente supranacional), ni términos de última palabra, subyace entonces la idea del pluralismo en la relación entre ordenamientos. La idea de que la construcción de esa esfera pública global[77] -o la "constitucionalización" efectiva del orden internacional- no debe realizarse de ninguna manera mediante la simple proyección, a una escala mayor, de las mismas estructuras sino en un paradigma en la evolución hacia la plena realización del ideal constitucionalista que debería culminar en un "federalismo global multinivel" o "constitucionalismo multinivel más allá del Estado", como forma de "cosmopolitismo jurídico policéntrico y pluralista"[78].

---

[76] VERGOTTINI, G. DE, 2010: *Más allá del diálogo entre tribunales: Comparación y relación entre jurisdicciones*, cit., p. 214.

[77] Esta noción articulada por Luigi Ferrajoli ha sido discutida en BAYÓN, J. C "El constitucionalismo en la esfera pública global", cit., pp. 57-99.

[78] FERRAJOLI, L.: *Principia iuris. Teoria del diritto e della democrazia,*, Roma-Bari, Laterza, 2007;

II.- Constitución "red", constitución "fragmentaria".

Esta modificación sustancial de la idea de constitución ha permitido la aparición de entidades metaconstitucionales (integraciones supranacionales, cooperación internacional), es decir aquellas en las que se puedan justificar la existencia de normas constitucionales, tanto desde la perspectiva de su objeto de regulación como desde el punto de vista constitutivo[79].

Son verdaderas normas constitucionales supraestatales que se sitúan al mismo nivel que las normas constitucionales nacionales. Entre ellas no pueden establecerse relaciones de jerarquía, sino de reciproca independencia, complementariedad y mutua influencia[80]. Estas posibilidades de convergencia entre normas constitucionales, la interacción entre distintas comunidades, suele ser explicado por lo que se ha llamado "constitución red" o "constitución fragmentaria[81]".

Se trata –según explica Bustos Gisbert- de una red compuesta por múltiples nudos constitucionales correspondientes a cada uno de los lugares y que interactúan continuamente y reflejando en cierto modo una

---

hay t. cast. de P. Andrés Ibáñez, J.C. Bayón, M. Gascón, L. Prieto Sanchís y A. Ruiz Miguel, *Principia iuris. Teoría del derecho y de la democracia,* Madrid, Trotta, 2011.

[79] BUSTOS GISBERT, R., 2005: *La constitución red: Un estudio sobre supraestatalidad y constitución,* Oñati, IVAP, 2005, p. 189.
[80] Ibídem.

[81] El término "fragmentario" ha sido utilizado en A. VON BOGDANDY, "La integración europea a la luz de la Constitución alemana: una reflexión en torno a la Sentencia del Tribunal Constitucional Federal sobre el caso Maastricht". *Cuadernos de Derecho Público,* núm. 13, 2001, p. 212.

soberanía reticular[82]. En tal red cada lugar constitucional mantiene su propio ámbito de actuación independiente que, sin embargo, viene condicionado por el resto de los nudos. Por otra parte, esta red puede ser tridimensional, por lo que la interactuación entre los nudos constitucionales puede desarrollarse en diferentes planos que reflejen correctamente distintos espacios constitucionales comunes[83].

Esta constitución "mixta" – afirma Bustos Gisbert- está capacitada para resolver los problemas de sociedades complejas y pluralistas permitiendo que las orientaciones del poder político sean receptivas a las diferencias locales sin debilitar el gobierno conjunto, y a la vez, asegurar la limitación del poder a través de su dispersión en diversos órganos y niveles territoriales y funcionales[84].

La idea de constitución red permite explicar la relación de complementariedad en la que se encontrarán las normas constitucionales situadas en la red. Las normas constitucionales correspondientes a lugares "metaconstitucionales" no estatales complementarán las normas constitucionales nacionales regulando la actuación exterior del Estado (de acuerdo con las características nacionales de las mismas), extendiendo así la limitación constitucional del poder público a ámbitos antes excluidos y en los que, cada vez más, dicho poder público se manifiesta.

La noción de constitución red conferiría un lugar central a la

---

[82] BUSTOS GISBERT, R., 2005: *La constitución red: Un estudio sobre supraestatalidad y constitución*, cit., pp. 190-192.

[83] Ibídem.

[84] Ibíd.

constitución nacional en cuyo contenido se encuentra su origen y legitimidad de sentido al resto de las normas de ámbito supraestatal. Centralidad que ha de mantener en la red como forma de asegurar su coherencia interna y la plena realización de los ideales del constitucionalismo a la que ella misma responde[85].

III.- El pluralismo constitucional

Nos encontramos entonces dentro de un contexto de pluralismo constitucional, noción que fue introducida por Neil MacCormick[86] a raíz de la discutida "sentencia Maastricht" del Tribunal Constitucional Federal alemán, con la pretensión de que permitía reconstruir conceptualmente los términos en los que se desenvolvía la integración europea tras una decisión dentro de un contexto en la que existen, al menos, dos constituciones, cada una reconocida como válida, pero sin que ninguna reconozca a la otra como fuente de su validez[87]. Esta clásica concepción puede ser definida como situaciones en las que existe una pluralidad de órdenes normativos institucionales, cada uno con una constitución, al menos en el sentido de cuerpo de normas de rango que establecen y condicionan el ejercicio del poder político y en el que se reconocen, mutuamente, legitimidad el uno al otro, pero sin que se afirme la supremacía de uno sobre el otro[88].

---

[85] Ibídem

[86] MAcCORMICK, N. *Questioning Sovereignty. Law, State and Practical Reason,* Oxford, 1999, p. 104.

[87] BAYÓN, J. C "El constitucionalismo en la esfera pública global", cit., p. 57-99.

[88] BUSTOS GISBERT, R. "XV proposiciones generales para una teoría de los diálogos judiciales", *Revista Española de Derecho Constitucional,* 95 (2012) 13-63, especialmente en la p. 21.

Esta manera de pluralismo –siguiendo la línea de Neil Walker[89]- pueda adoptar distintas formas: 1) Pluralismo constitucional por incorporación institucional, en aquellos casos en que un sistema constitucional es incorporado a otro. 2) Pluralismo constitucional por reconocimiento sistémico, adoptando elementos de otro sistema jurídico para definirse a si mismo. 3) Pluralismo constitucional por coordinación normativa, que encuentra directrices ampliamente compartidas por los diversos ordenamientos jurídicos. 4) Pluralismo con consideración empática caracterizado por una migración de ideas constitucionales entre ordenamientos jurídicos separados[90].

IV.-El Diálogo entre Tribunales.

IV.1.-¿Qué significa la idea de diálogo?

Los escenarios pluralistas existentes en la actualidad, han generado formas de autorrestricción y acomodación mutua las cuales se traducen en "diálogo entre tribunales", pero esta expresión puede tener múltiples significados, ya que la metáfora del "diálogo" puede aplicarse a prácticas muy diversas. En principio, el diálogo es ante todo una "conversación entre dos o varias personas", esto si pensamos en una definición convencional. El diálogo induce tanto al acuerdo como al desacuerdo, la contradicción o la aprobación[91]. La interacción que caracteriza al diálogo puede estar presente

---

[89] WALKER, N. "Beyond boundary disputes and basic grids: Mapping the global disorder of normative orders" *Internacional Journal of Constitucional Law.*, vol 6, pp. 3-4.

[90] BUSTOS GISBERT, R. "XV proposiciones generales para una teoría de los diálogos judiciales, cit., p. 21.

[91] BURGORGUE-LARSEN, L., 2011: "La formación de un derecho constitucional europeo a través del diálogo judicial", cit., p. 42.

no sólo en el marco de una "conversación" entre dos entes, sino también puede ser multidimensional, es decir, puede involucrar a una multiplicidad de órganos jurisdiccionales.

En Europa el desarrollo del "constitucionalismo europeo" se ha dado mediante un diálogo judicial con muchos actores en escena, desde los jueces nacionales a los jueces constitucionales y los distintos órganos supranacionales en la Unión. Por otro lado en América Latina, la idea de "diálogo entre tribunales" está menos extendida, en la región se suele hablar más bien de "diálogo jurisprudencial"[92] y otros términos como el de "diálogo interjurisdiccional"[93], sin embargo en muchas ocasiones estas expresiones son enteramente coincidentes en su esencia con la idea de diálogo entre tribunales.

IV.2.-Sentido puramente pragmático.

Se ha establecido que el diálogo puede ser entendido de maneras distintas, en un sentido puramente pragmático este diálogo constituye lo que cada tribunal va haciendo para decidir de manera estratégica, haciendo prosperar su propio punto de vista, es desde luego una forma de búsqueda de una solución a los conflictos. Sin embargo es importante acotar que dialogar no

---

[92] La idea de diálogo jurisprudencial significa esencialmente lo mismo que "diálogo judicial", corresponde fundamentalmente a la forma en que los tribunales latinoamericanos han construido su relación con la Corte IDH a través de los precedentes de ésta ultima y como a partir de ello se ha generado un avance en la protección de los derechos humanos en la región.

[93] El término es usado como sinónimo de "diálogo entre tribunales", aunque con un enfoque centralizado en la articulación que a partir del control de convencional que ha sido ejercido por la Corte Interamericana de Derechos Humanos y su impacto en los países de la región. Puede verse la acuñación de este en NOGUEIRA, H. "Diálogo interjurisdiccional, control de convencionalidad y jurisprudencia del Tribunal Constitucional en período 2006-2011" *Revista de Estudios Constitucionales,* vol. 10, núm. 2, 2012, pp. 57-140 Centro de Estudios Constitucionales de Chile Santiago, Chile.

es lo mismo que negociar (en cuanto forma distinta de solucionar conflictos), pues este último implica el ejercicio de sucesivas ofertas y contraofertas, basadas en coerción y fuerza (intercambio de promesas y amenazas).

El diálogo por su parte puede tomar dos grandes formas, la primera como *"diálogo regulado"* y la otra como *"diálogo espontaneo"* o libre[94]. El diálogo regulado deriva de una seria de reglas procesales o de unas obligaciones internacionales que disminuyen la libertad del juez nacional al incitar a dialogar con el juez supranacional, este tipo de diálogo siempre resulta "vertical"[95]. Ésta forma vertical, implica que los tribunales inferiores proponen soluciones fundadas en razones que pueden o no ser asumidas por los tribunales superiores, cambiando sus posiciones. Aunque esta característica resulta mas clara en países del *Civil Law* donde la vinculación al precedente es mucho más débil que en los inspirados por el rígido *stare decisis*[96] propio del Common Law..[97] El diálogo se asume como una comunicación entre tribunales derivada de una obligación de tener en

---

[94] BURGORGUE-LARSEN, L., 2011: "La formación de un derecho constitucional europeo a través del diálogo judicial", cit., p. 44.

[95] Ibídem.

[96] S*tare decisis* es el nombre abreviado de la doctrina que constituye la esencia del sistema jurídico imperante en los países anglosajones. El nombre completo de la doctrina es *"stare decisis et quieta non moveré"* que significa, "estar a lo decidido y no perturbar lo ya establecido, lo que está quieto" La idea general que subyace a la doctrina es la del respeto por las decisiones precedentes -o, simplemente, los "precedentes"-, es decir, decisiones tomadas previamente por otros tribunales que resolvieron un problema semejante· Sin embargo, la comprensión del sistema originado en Inglaterra requiere entender que *un solo precedente* constituye derecho y genera obligación.

[97] BUSTOS GISBERT, R.,"XV proposiciones generales para una teoría de los diálogos judiciales", cit., p.17.

cuenta la jurisprudencia de otro tribunal (extranjero o ajeno al propio ordenamiento jurídico) para aplicar el propio Derecho. El diálogo es un tipo de comunicación obligatoria entre tribunales porque actúan en un contexto de pluralismo constitucional[98].

En cuanto al diálogo espontáneo o libre, "desenfrenado", "desbocado", se estima con éstas características dado que en apariencia no deriva de una obligación internacional como tal. Representa la manifestación de la existencia de una multitud variada de obligaciones "invisibles" (el juez esta aprisionados por lazos múltiples que no puede ignorar al razonar su fallo). El diálogo espontaneo es tanto horizontal (entre los jueces nacionales) como vertical (entre jueces supranacionales y los nacionales).[99]

Ahora bien, conviene decir que este tipo de comunicación no es ajena a los propios intereses judiciales que resulten en la preferencia por resultados sustantivos de las Cortes Constitucionales o Suprema y el fortalecimiento de su posición institucional a través de las sentencias emitidas. El interés institucional de un Tribunal, puede constituir un factor importante a considerar, pues este interés "creado" puede "simular imparcialidad".[100]

En la misma línea Jon Elster afirma que "mientras las ideas de interés personal y de interés grupal son suficientemente claras, las de interés

---

[98] Op. cit,, p. 21.

[99] BURGORGUE-LARSEN, L., 2011: "La formación de un derecho constitucional europec a través del diálogo judicial", cit., p. 45.

[100] ELSTER, J. "La deliberación y los procesos de creación constitucional" en Id., *La democracia deliberativa*, Barcelona, Gedisa, 2001 p. 150.

institucional pueden requerir aclaración." Esto es que un Tribunal en virtud de sus características y atribuciones, "puede tener tendencia a otorgarse allí un papel importante". Lo anterior implica que –continúa Elster- "hablar de grupos de interés y de interés institucional no puede ser nunca más que un modo abreviado de referirse a las motivaciones de los individuos. Si los miembros de un cónclave parlamentario, por ejemplo, no siguen la línea partidaria, se arriesgan a no ser nominados o reelegidos, o a sufrir sanciones económicas. En otros casos los legisladores parecen identificarse con la institución a la que pertenecen. Independientemente de la reelección, tienden enorgullecerse de su institución por una necesidad de consonancia cognitiva ("Esta debe ser una institución importante, desde el momento en que soy miembro de ella") o en virtud de la socialización"[101]. La idea de "consonancia cognitiva" planteada por Elster puede ser aplicada analógicamente a los fenómenos que suelen ocurrir en torno a la relación de tribunales nacionales y supranacionales a la hora de dialogar.

Ejemplo de lo anterior se ha manifestado en el importante desacuerdo judicial puesto sobre la mesa por el Tribunal Constitucional Federal Alemán en sentencia de Octubre del 1993, con el caso llamado *Brunner o Maastricht*[102]. Tal sentencia fue catalogada por gran parte de la doctrina como una manera inaceptable de dictar la conducta a seguir a la instituciones europeas y particularmente al Tribunal de Justicia de la

---

[101] Op. cit., p.152.

[102] BURGORGUE-LARSEN, L., "La formación de un derecho constitucional europeo a través del diálogo judicial", cit., p. 48.

Unión[103]. Lo que me interesa destacar en este punto es que el Tribunal de Karlsruhe (Alemania) intenta con estas decisiones desempeñar su papel de Corte constitucional *"leader"* (conforme a su prestigio histórico y dogmático) en la "conversación judicial"[104] con el Tribunal de Justicia haciendo valer su posición institucional.

IV.3.-Comunicación dialógica: el diálogo como deliberación

Una vez establecido el sentido del diálogo en su carácter pragmático, queda sostener que éste también asume una forma de proceso deliberativo o de deliberación colectiva. Esto es, un proceso de adopción de decisiones mediante la confrontación pública de las posiciones respectivas que finaliza con la adopción de una solución compartida, lo que significa que no se trataría de una mera conversación, sino de una autentica deliberación dado el carácter necesario que reviste[105]. Existen por lo tanto distintos sujetos que participan en un proceso colectivo de decisión en un espacio mediante un enjuiciamiento que, por la lógica de una función jurisdiccional, reclama una argumentación racional que emane de un debate y una deliberación previos. Una conversación sobre el objeto y los contenidos de los derechos[106]. Esto se traduce en una exigencia inherente a la función judicial en el proceso deliberativo consistente en la obligación de "dar razones" suficientemente fundadas en derecho, mismas que además deben ser públicas.

---

[103] Este desacuerdo del Tribunal Alemán fue con respecto a lo antes construido por el Tribunal de Luxemburgo varias sentencias estableciendo la supremacía del Derecho comunitario. (al respecto me referiré con mayor profundidad más adelante en este capítulo)

[104] BURGORGUE-LARSEN, L., 2011: "La formación de un derecho constitucional europeo a través del diálogo judicial", cit., p. 51.

[105] BUSTOS GISBERT, R.,"XV proposiciones generales para una teoría de los diálogos judiciales", cit., p. 37.

[106] Ibíd.

Con respecto a la noción de dar razones Elster afirmaba que: "en términos generales el efecto de un auditorio es reemplazar el lenguaje del interés por el de la razón, y sustituir los motivos imparciales. Ante la presencia de un público resulta especialmente difícil parecer motivado solo por intereses egoístas. Aunque los miembros una asamblea no se escandalizaran, el auditorio si lo haría. En general esta *"fuerza civilizadora de la hipocresía" (civilizing force of hypocrisy)* constituye un efecto deseable de la publicidad. La publicidad no elimina los motivos deshonestos, pero obliga o induce a los oradores a esconderlos"[107]

V.-Sistema Interamericano de Derechos Humanos

V.1.-Relación entre los Tribunales Estatales y la Corte Interamericana de Derechos Humanos.

La interacción entre jurisdicciones nacionales y la Corte Interamericana de Derechos Humanos (en adelante Corte IDH o Corte Interamericana) ha sido extensa, las prácticas jurisprudenciales han permitido ir encontrando el equilibrio necesario en la protección multinivel de los derechos humanos en la región.

Aunque el Sistema Interamericano de protección se inició formalmente con la aprobación de la Declaración Americana en 1948, la experiencia más importante en la región se ha ido articulando desde el nacimiento de la Convención Americana sobre Derechos Humanos (también llamado Pacto de San José) que fue suscrito tras la Conferencia Especializada Interamericana de Derechos Humanos en 1969, entrando en

---

[107] ELSTER, J. "La deliberación y los procesos de creación constitucional", cit., p. 150.

116

vigor hasta 1978, teniendo como marco la Organización de Estados Americanos (en adelante OEA).

El Sistema Interamericano a diferencia de la actual conformación del Sistema Europeo, se basa en 2 organismos pilares, La Comisión Interamericana de Derecho Humanos (CIDH) que es el órgano surgido de la carta de la OEA (sus funciones son cuasi-jurisdiccionales, de asesoramiento y promoción de Derechos Humanos en la región). La Corte Interamericana por su parte es un órgano convencional surgido en 1978 en virtud de la Convención Americana de Derechos Humanos.

A pesar de que la Corte Interamericana es el Tribunal Internacional que opera con menos recursos en el mundo[108] es quizá el que proporcionalmente más impacto genere en su región. 25 Estados[109] hasta ahora han firmado la Convención Americana pero sólo 21[110] han ratificado la competencia contenciosa de la Corte IDH de un total de 35 países que conforman la OEA.

---

[108] La Corte IDH recibe 2,661,000 millones de dólares para su funcionamiento, a diferencia del Tribunal Europeo de Derechos Humanos con un presupuesto de 66 millones de euros y la Corte Africana de Derechos Humanos y de los Pueblos con aproximadamente 10 millones de dólares).

[109] Argentina, Barbados, Bolivia, Brasil, Chile, Colombia, Costa Rica, Dominica, Ecuador, El Salvador, Granada, Guatemala, Haití, Honduras, Jamaica, México, Nicaragua, Panamá, Paraguay, Perú, República Dominicana, Suriname, Trinidad y Tobago, Uruguay y Venezuela.

[110] Argentina, Barbados, Bolivia, Brasil, Chile, Colombia, Costa Rica, Ecuador, El Salvador, Guatemala, Haití, Honduras, México, Nicaragua, Panamá, Paraguay, Perú, República Dominicana, Suriname, Uruguay y Venezuela. En cuanto a los países que no han ratificado la competencia de la Corte IDH, han expresado distintas razones para no hacerlo, en el caso de Canadá estimó que su Constitución local es más garantista que la Convención Americana (aunque internamente esta postura ha sido criticada por diversas asociaciones civiles canadienses), en el caso de muchos países caribeños muestran reticencias por contar internamente con tradiciones vinculadas al *common law* y con Tribunales de casación que pudieran no ser compatibles con el sistema.

Los casos de gran impacto en la región han sido variados. En Chile con el caso de *Última tentación de Cristo*[111] la Corte IDH estableció importantes parámetros de protección a libertad de expresión contra actos de censura previa. La resolución tuvo como consecuencia que el estado chileno reformara su Constitución. También en Chile con la sentencia del caso *Claude Reyes*[112] sobre transparencia y acceso a información pública provocó la creación del Consejo de la Transparencia.

En Perú, destaca el caso de la masacre de *Barrios Altos*[113], donde la Corte Interamericana estimó como violatorias de derechos humanos leyes de amnistía aprobadas por el Congreso peruano.

En Ecuador, el recurso de "Habeas Corpus" era conocido por una autoridad administrativa y no judicial, como consecuencia del fallo de la Corte IDH en el caso *Suarez Rosero*[114], Ecuador tuvo que modificar profundamente su legislación.

En Costa Rica como consecuencia del caso *Herrera Ulloa*[115] se le ordenó al estado modificar el recurso de casación penal por ser contrario a

---

[111] Corte IDH. *Caso "La Última Tentación de Cristo" (Olmedo Bustos y otros) Vs. Chile. Fondo, Reparaciones y Costas.* Sentencia de 5 de febrero de 2001. Serie C No. 73.

[112] Corte IDH. *Caso Claude Reyes y otros Vs. Chile. Fondo, Reparaciones y Costas.* Sentencia de 19 de septiembre de 2006. Serie C No. 151.

[113] Corte IDH. *Caso Barrios Altos Vs. Perú. Fondo.* Sentencia de 14 de marzo de 2001. Serie C No. 151.

[114] Corte IDH. *Caso Suárez Rosero y otros Vs. Ecuador. Fondo.* Sentencia de 12 de noviembre de 1997. Serie C No. 35.

[115] Corte IDH. *Caso Herrera Ulloa Vs Costa Rica. Excepciones Preliminares, Fondo, Reparaciones y Costas.* Sentencia de 2 de julio de 2004. Serie C No. 107.

la Convención Americana. El Estado realizó una reforma integral a ese respecto.

En México tras el caso *Radilla Pacheco*[116] se adecuó la legislación con respecto a la jurisdicción militar, por lo que en los casos de delitos cometidos por un militar en activo donde esté implicado un civil ya sea en calidad de víctima o cómplice, éstos deben ser juzgados en tribunales civiles (en este caso del orden Federal).

Han sido fundamentales estos fallos para conformar una base sólida donde se desarrolla el diálogo entre Cortes. En países como Colombia[117], Guatemala[118], México[119], Argentina[120] y Costa Rica[121] los Tratados

---

[116] Corte IDH. *Caso Radilla Pacheco Vs México. Excepciones Preliminares, Fondo, Reparaciones y Costas.* Sentencia de 23 de noviembre de 2009. Serie C No. 209.

[117] Constitución Política de Colombia, artículo 93: "Los tratados y convenios internacionales ratificados por el Congreso, que reconocen los derechos humanos y que prohíben su limitación en los estados de excepción, prevalecen en el orden interno. Los derechos y deberes consagrados en esta Carta, se interpretarán de conformidad con los tratados internacionales sobre derechos humanos ratificados por Colombia".

[118] Constitución Política de la República de Guatemala Artículo 46: "Preeminencia del Derecho Internacional. Se establece el principio general de que en materia de derechos humanos, los tratados y convenciones aceptados y ratificados por Guatemala, tienen preeminencia sobre el derecho interno.

[119] Constitución Política de los Estados Unidos Mexicanos, artículo 1: "En los Estados Unidos Mexicanos todas las personas gozarán de los derechos humanos reconocidos en esta Constitución y en los tratados internacionales de los que el Estado Mexicano sea parte, así como de las garantías para su protección, cuyo ejercicio no podrá restringirse ni suspenderse, salvo en los casos y bajo las condiciones que esta Constitución establece. Las normas relativas a los derechos humanos se interpretarán de conformidad con esta Constitución y con los tratados internacionales de la materia favoreciendo en todo tiempo a las personas la protección más amplia".

[120] Constitución de la Nación Argentina, artículo 31: "Esta Constitución, las leyes de la Nación que en su consecuencia se dicten por el Congreso y los tratados con las potencias extranjeras son la ley suprema de la Nación; y las autoridades de cada provincia están obligadas a conformarse a ella, no obstante cualquiera disposición en contrario que

internacionales son jerárquicamente posicionados en igualdad con las disposiciones internas (leyes, reglamentos) pero cuando éstos sean en materia de derechos humanos cobran un valor supralegal y en paridad con la Constitución, resultando la conformación de una especie de bloque de constitucionalidad o de parámetro de regularidad constitucional. En la mayoría de estas legislaciones el control ejercido por los Tribunales Constitucionales en la región sobre la conformidad de las leyes nacionales con respecto a los tratados de derechos humanos amplía el parámetro de constitucionalidad.

Existe una tendencia manifiesta en la región en la que los Tribunales Constitucionales locales están adoptando los criterios jurisprudenciales que la Corte Interamericana ha construido. La Corte IDH ha reiterado que los jueces nacionales están obligados a ejercer "control de convencionalidad", ha sido justamente este control una de las claves para entender la manera en que dialogan los tribunales y de una posible conformación del *ius commune* en la región.

V.2.-Control de convencionalidad

El control de convencionalidad es una técnica de colaboración entre distintos niveles de tribunales que consiste en términos generales en "verificar la adecuación de las normas jurídicas internas que aplican en

---

contengan las leyes o constituciones provinciales, salvo para la provincia de Buenos Aires, los tratados ratificados después del Pacto de 11 de noviembre de1859.

[121] Constitución Política de la República de Costa Rica, artículo 7: "Los tratados públicos, los convenios internacionales y los concordatos debidamente aprobados por la Asamblea Legislativa, tendrán desde su promulgación o desde el día que ellos designen, autoridad superior a las leyes".

casos concretos a la Convención Americana sobre Derechos Humanos y a los estándares interpretativos de la Corte IDH"[122].

Este control tiene dos modalidades, uno externo (propio, original[123]) o también llamado internacional[124]o supranacional; y un segundo que es interno[125] o nacional[126]. El control externo u original implica que la Corte Interamericana debe analizar si un acto o una normativa de derecho interno resultan incompatibles con la Convención Americana, es decir, ejercer la confrontación entre actos domésticos y disposiciones convencionales, con el propósito de apreciar la compatibilidad entre esas normas[127], pudiendo disponer en consecuencia, la modificación de una norma nacional o la

---

[122] BAZÁN. V, "Hacia un diálogo crítico entre la Corte Interamericana de Derechos Humanos y las cortes supremas o tribunales constitucionales latinoamericanos", en E. Ferrer Mac-Gregor y A. Herrera (coords.), *Diálogo jurisprudencial en Derechos Humanos entre Tribunales Constitucionales y Cortes Internacionales*, Tirant Lo Blanch. México, 2013, pp. 569 – 598.

[123] GARCIA RAMIREZ, S. "El control judicial interno de convencionalidad", en E. Ferrer y A. Herrera (coords.), *Diálogo jurisprudencial en Derechos Humanos entre Tribunales Constitucionales y Cortes Internacionales*, Tirant Lo Blanch. México, 2013, pp. 767 – 804.

[124] BAZÁN. V, "Hacia un diálogo crítico entre la Corte Interamericana de Derechos Humanos y las cortes supremas o tribunales constitucionales latinoamericanos", cit., pp. 569 – 598.

[125] GARCIA RAMIREZ, S. "El control judicial interno de convencionalidad", cit., pp. 767 – 804.

[126] SAGÜES, N. "El control de convencionalidad en el sistema interamericano, y sus anticipos en el ámbito de los derechos económicos-sociales. Concordancias y diferencias con el sistema europeo", en E. Ferrer Mac-Gregor y A. Herrera (coords.), *Diálogo jurisprudencial en Derechos Humanos entre Tribunales Constitucionales y Cortes Internacionales*, Tirant Lo Blanch. México, 2013, pp. 993 – 1030.

[127] GARCIA RAMIREZ, S. "El control judicial interno de convencionalidad", cit., pp. 767 – 804.

eliminación de prácticas que resulten violatorias de derechos humanos.

Respecto al control interno de convencionalidad, es la atribución a todos los órganos jurisdiccionales nacionales para "verificar la congruencia entre actos internos – esencialmente, las disposiciones domésticas de alcance general: constituciones, leyes, reglamentos"[128], es pues una obligación de los jueces locales para realizar un test de adecuación de normas jurídicas internas que aplican en casos concretos a la Convención Americana (y otros instrumentos internacionales esenciales en materia de derechos humanos) a los estándares interpretativos que la Corte IDH ha acuñado a su respecto, en aras de la obligación de tutela de los derechos fundamentales[129].

Una característica importante del control es que "el proceso lógico de confrontación entre normas nacionales e internacionales no corre sólo a cargo de las autoridades jurisdiccionales, sino puede y debe ser cumplido igualmente por cualquier persona y/o autoridades llamadas a promover, respetar, proteger y garantizar, en el espacio de sus atribuciones, los derechos humanos"[130]. El control de convencionalidad ha ido evolucionando paulatinamente. Las primeras aproximaciones al control fueron del ex presidente de la Corte Interamericana, Sergio García Ramírez,

---

[128] *Ibíd.*

[129] BAZÁN. V, "Hacia un diálogo crítico entre la Corte Interamericana de Derechos Humanos y las cortes supremas o tribunales constitucionales latinoamericanos", cit., pp. 569 – 598.

[130] GARCIA RAMIREZ, S. "El control judicial interno de convencionalidad", cit., pp. 767 – 804.

en su voto concurrente del *"Caso Myrna Mack Chang Vs Guatemala[131] "* (25 de noviembre 2003) usando por primera ocasión el término "el control de convencionalidad". Posteriormente García Ramírez en otro voto particular del caso en *Tibi vs Ecuador* (7 de septiembre de 2004) reflexionó sobre la similar función que tienen la Corte Interamericana y los Tribunales Constitucionales al realizar controles.

Fue en *Almonacid Arellano vs Chile[132]* (el 26 de septiembre de 2006) donde la Corte en su conjunto sentó las bases del control, a destacar el párrafo 124 de la sentencia indica lo siguiente: *"...el Poder Judicial debe ejercer una especie de "control de convencionalidad" entre las normas jurídicas internas que aplican en los casos concretos y la Convención Americana sobre Derechos Humanos. En esta tarea, el Poder Judicial debe tener en cuenta no solamente el tratado, sino también la*

---

[131] El párrafo 27 del voto concurrente razonado de Sergio García Ramírez expresa lo siguiente: "para los efectos de esta Convención y del ejercicio de la jurisdicción contenciosa de la Corte Interamericana, el Estado viene a cuentas en forma integral, como un todo. En este orden, la responsabilidad es global, atañe al Estado en su conjunto y no puede dejar sujeta a la división de atribuciones que señale el derecho interno. No es posible seccionar internacionalmente al Estado, obligar ante la Corte sólo a uno o algunos de sus órganos, entregar a éstos la representación en el juicio –sin que esa representación repercuta sobre el Estado y su conjunto- y sustraer a otros de este régimen convencional de responsabilidad, dejando sus actuaciones fuera del "control de convencionalidad" que trae consigo la jurisdicción de la Corte Internacional".

[132] El párrafo 124 completo de la sentencia expresa lo siguiente: "la Corte es consciente que los jueces y tribunales internos están sujetos al imperio de la ley y, por ello, están obligados a aplicar las disposiciones vigentes en el ordenamiento jurídico. Pero cuando un Estado ha ratificado un tratado internacional como la Convención Americana, sus jueces, como parte del aparato del Estado, también están sometidos a ella, lo que les obliga a velar porque los efectos de las disposiciones de la Convención no se vean mermadas por la aplicación de leyes contrarias a su objeto y fin, y que desde un inicio carecen de efectos jurídicos. En otras palabras, el Poder Judicial debe ejercer una especie de "control de convencionalidad" entre las normas jurídicas internas que aplican en los casos concretos y la Convención Americana sobre Derechos Humanos. En esta tarea, el Poder Judicial debe tener en cuenta no solamente el tratado, sino también la interpretación que del mismo ha hecho la Corte Interamericana, intérprete última de la Convención Americana".

interpretación que del mismo ha hecho la Corte Interamericana, intérprete última de la Convención Americana".

Otros rasgos esenciales del control de convencionalidad fueron completados en dos fallos más, *Trabajadores cesados del Congreso vs Perú* (24 de noviembre de 2006), en su párrafo 128[133] y en *Radilla Pacheco vs México* (23 de noviembre del 2009), particularmente en sus párrafos 338[134] y 339[135].

---

[133] El párrafo 128 de la sentencia expresa lo siguiente: "Cuando un Estado ha ratificado un tratado internacional como la Convención Americana, sus jueces también están sometidos a ella, lo que les obliga a velar porque el efecto útil de la Convención no se vea mermado o anulado por la aplicación de leyes contrarias a sus disposiciones , objeto y fin. En otras palabras, los órganos del Poder Judicial deben ejercer no sólo un control de convencionalidad *ex officio* entre las normas internas y la Convención Americana, evidentemente en el marco de sus respectivas competencias y de las regulaciones procesales correspondientes. Esta función no debe quedar limitada exclusivamente por las manifestaciones o actos de los accionantes en cada caso concreto, aunque tampoco implica que ese control deja ejercerse siempre, sin considerar otros presupuestos formales y materiales de admisibilidad y procedencia de ese tipo de acciones.

[134] El contenido del párrafo 338 de la sentencia es: "Para este Tribunal, no solo la supresión o expedición de las normas en el derecho interno garantizan los derechos contenidos en la Convención Americana, de conformidad a la obligación comprendida en el artículo 2 de dicho instrumento. También se requiere el desarrollo de prácticas estatales conducentes a la observancia efectiva de los derechos y libertades consagrados en la misma. En consecuencia, la existencia de una norma no garantiza por sí misma que su aplicación sea adecuada. Es necesario que la aplicación de las normas o su interpretación, en tanto prácticas jurisdiccionales y manifestación del orden público estatal, se encuentren ajustadas al mismo fin que persigue el artículo 2 de la Convención. En términos prácticos, la interpretación del artículo 13 de la Constitución Política mexicana debe ser coherente con los principios convencionales y constitucionales de debido proceso y acceso a la justicia, contenidos en el artículo 8.1 de la Convención Americana y las normas pertinentes a la Constitución mexicana".

[135] Se expresa en el párrafo 339 lo siguiente: "En relación con las prácticas judiciales, este Tribunal ha establecido en su jurisprudencia que es consciente de que los jueces y tribunales internos están sujetos al imperio de la ley y, por ello, están obligados a aplicar disposiciones vigentes en el ordenamiento jurídico. Pero cuando un Estado ha ratificado un tratado internacional como la convención Americana, sus jueces, como parte del aparato del Estado,

La conformación del control siguió reafirmándose en muchas sentencias: *Boyce vs Barbados (*20 de noviembre de 2007, párrafo 78), *Fermín Ramírez y Raxcacó Reyes vs Guatemala (9 de mayo de 2008, párrafo 63), Manuel Cepeda Vargas vs Colombia (*26 de mayo de 2010 párrafo 208), *Comunidad Indígena Xakmok Kásek vs Paraguay (*24 de agosto de 2010, párrafo 311), *Fernández Ortega vs México (*30 de agosto de 2010, párrafo 237), *Rosendo Cantú vs México (*31 de agosto 2010, párrafos 219 y 220), *Ibsen Cárdenas y otro vs Bolivia (*1 de septiembre de 2010, párrafo 202), *Vélez Loor vs Panamá (*23 de noviembre de 2010, párrafo 287, *Gomes Lund vs Brasil (*24 de noviembre de 2010, considerando 176), y *Cabrera García y Montiel Flores vs México (*26 de noviembre de 2006, considerando 225).

Ahora bien, con todo el desarrollo jurisprudencial del control de convencionalidad, la Corte Interamericana ha dejado claro dos cuestiones muy importantes: i) todos los jueces nacionales deben ejercer un control de convencionalidad *ex officio* entre las normas internas y la Convención Americana; y ii) que todas las sentencias emitidas por la Corte tienen un doble efecto, el primero como *cosa juzgada* y el segundo como *cosa interpretada*. Respecto del efecto primer efecto, de conformidad con los artículos 67 y 68.1 de la Convención Americana, los fallos de la Corte son definitivos e inapelables y los Estados Partes de la Convención se comprometen a cumplir las decisiones. Aunado a lo anterior, la eficacia

---

también están sometidos a ella, lo que les obliga a velar porque los efectos de las disposiciones de la Convención no se vean mermados por la aplicación de leyes contrarias a su objeto y fin, que desde un inicio carecen de efectos jurídicos. En otras palabras, el Poder Judicial debe ejercer un "control de convencionalidad" *ex officio* entre las normas internas y la Convención Americana, evidentemente en el marco de sus respectivas competencias y de las regulaciones procesales correspondientes. En esta tarea, el Poder Judicial debe tener en cuenta no solamente el tratado, sino también la interpretación que del mismo ha hecho la Corte Interamericana, intérprete última de la Convención Americana".

vinculante de las sentencias se fortalece con lo expresado en el artículo 68.2 del Pacto de San José, al señalar que la indemnización compensatoria "podrá ejecutarse en el respectivo país por el procedimiento interno vigente para la ejecución de sentencias contra el Estado". En cuanto al segundo de los efectos, las sentencias de la Corte despliegan su eficacia de dos maneras, 1) de manera *inter partes*, cuando el Estado sea parte del litigio, y 2) una eficacia *erga omnes* hacia todos lo Estados Parte de la Convención Americana, en la medida en que todas las autoridades quedan vinculadas a la efectividad convencional y, en consecuencia al criterio de interpretación que establezca la Corte IDH en cuanto estándar mínimo de efectividad de la norma convencional[136].

V.3.-La fuerza jurisprudencial de la Corte Interamericana

Ha quedado de manifiesto, la poderosa fuerza vinculante que la Corte IDH ha tenido sobre los países que conforman el Sistema Interamericano de Protección, pero vale preguntarnos si la relación que mantiene con los Estados es poco dialógica, muy dialógica o simplemente es tan dialógica como debería ser. Respecto a la tarea de interpretación desarrollada por la Corte se ha dicho — en palabras de Von Bogdandy- que éste sería un Tribunal *"audaz"[137]*, a diferencia de otros como el Tribunal Europeo de

---

136 FERRER MAC-GREGOR. E, "Eficacia de la sentencia interamericana y la cosa juzgada internacional: vinculación directa hacia las partes (*res judicata*) e indirecta hacia los Estados parte de la Convención Americana", en id. y A. Herrera (coords.), *Diálogo jurisprudencial en Derechos Humanos entre Tribunales Constitucionales y Cortes Internacionales*, Tirant Lo Blanch. México, 2013, p. 634.

137 AMBOS. K, y BÖHM, M, "Tribunal Europeo de Derechos Humanos y corte Interamericana de Derechos Humanos. ¿Tribunal tímido vs. Tribunal audaz?, en id. *"Sistema Interamericano de Protección de los Derechos Humanos y Derecho Penal Internacional"*, tomo II, Montevideo: KAS/Universidad de Göttingen, 2011, pp. 43-69.

Derechos Humanos, que sería mas bien *"tímido"*. La "audacia" de la Corte IDH estaría explicada por tres variables: i) el efecto directo de sus decisiones (cuando anula normas nacionales), ii) por decidir casos importantes (políticamente delicados), y iii) por ser una institución reciente aun por consolidarse.

Desde mi punto de vista hay dos razones por la cuales considero que la Corte Interamericana ha actuado de la mejor manera posible dialógicamente hablando y que justificaría el grado de activismo con el que generalmente actúa. La primera, es porque la Corte IDH se ocupa de asuntos que llamaré *"cornerstone cases"* o casos emblemáticos, luminosos, paradigmáticos; y la segunda, la atribuyo al desarrollo de un control de convencionalidad tendencialmente *"constructivo"*. Los *"cornerstone cases"* de los que se ocupa la Corte Interamericana no sólo son importantes por los temas analizados (desapariciones forzadas, ejecuciones extrajudiciales, leyes de amnistía, derechos de los pueblos originarios, etc.) o por su manifiesta eficacia, sino también por el reducido número de sentencias que emite al año (en promedio 18 casos al año) en comparación a otros, como el Tribunal Europeo de Derechos Humanos (que resuelve más de 1000 casos al año y recibe unas 50,000 solicitudes de admisión, lo que le ha llevado a crear criterios de "prioridad").

La Corte IDH ha demostrado en sus fallos que es –con diferencia- el Tribunal más garantista de la región[138], una posición que ha ganado, pero que no es para nada casualidad. La Corte IDH, en el momento de su creación transitó en un contexto donde existían dictaduras en América

---

[138] Vale para el caso, hacer mención especial de la Corte Constitucional colombiana que se caracterizado por importante labor progresista en sus sentencias, que paulatinamente se está convirtiendo en un referente para la región.

Latina. Asimismo fue el primer tribunal en el mundo en desarrollar la noción de "desaparición forzada" como un delito continuado. Gracias a esto aparecen tanto la Convención Interamericana sobre Desaparición Forzada, como la Convención Internacional sobre Desaparición Forzada, siguiendo los parámetros construidos por la Corte Interamericana de Derechos Humanos. También la Corte IDH fue el primer tribunal en desarrollar la noción de "propiedad comunal" para los pueblos indígenas y mirar este tipo de problemáticas a través de la cosmovisión indígena.

Todas estas variantes fácticas-contextuales han consolidado a la Corte Interamericana como un tribunal *"leader"*, con una función no sólo democratizadora sino "educativa" en la región, pues ha sido a través de sus resoluciones que ha elaborado los estándares más progresistas en las Américas. ¿Deberíamos, entonces pedirle a una Corte que resuelve tan pocos casos, en un contexto como el latinoamericano, que sea cada vez más deferente con los Estados? Me parece que la fórmula del "margen de apreciación nacional" no está siendo una doctrina a la que la Corte IDH tienda a adoptar en sus resoluciones; si bien es cierto, ha habido ejemplos del uso de ella por parte de la Corte IDH, la realidad es que tiene un grado de indeterminación muy alto y no se divisa una tendencia a su conformación. Por el contrario, la Corte IDH sigue manteniéndose sobre una línea mas "dura", metiéndose siempre de "lleno" a los casos, llevando al límite sus atribuciones, ordenando medidas fuertes para los Estados, como cambios legislativos, garantías de no repetición, medidas de reparación a las víctimas con estándares superiores a cualquier otro Tribunal, desarrollando conceptos especiales en las indemnizaciones como daño material, lucro cesante, daño emergente, pérdida de ingreso, daño inmaterial e incluso ordenando medidas simbólicas como actos públicos, y medidas materiales como construcción de escuelas, hospitales, etc. Es en todo lo anterior, en lo que la Corte IDH, debe mantener esa línea "rígida".

Por otro lado, existe un segundo factor que hace de la Corte IDH un tribunal que dialogue en la medida que es deseable que lo haga, me refiero al control de convencionalidad *"constructivo"* que ha ido adoptando tendencialmente. En un principio la Corte había mostrado un control más *"represivo"*, esto es, cuando la Corte IDH – en el caso *Almonacid Arellano vs Chile*[139]- era terminante en considerar que el Poder Judicial Local, "debe abstenerse de aplicar cualquier normativa contraria ella", añadiendo que la norma en cuestión carece, "desde su inicio", de efectos jurídicos. Esto parece tener como consecuencia la "inexistencia" de un precepto. Sin embargo la Corte IDH hace matices trascendentales en su control, a partir de resoluciones como *Radilla Pacheco vs México*[140] *y Comunidad Indígena Xákmok Kásek vs Paraguay*[141] , conformando un control más "constructivo", estableciendo que los jueces nacionales deben aplicar el derecho interno de acuerdo a los estándares de la Convención Americana y la jurisprudencia de la Corte Interamericana. Este matiz permite en la práctica relecturas adaptativas del derecho nacional, es decir interpretaciones conformes que sean armonizantes o en consonancia con los estándares interamericanos. Los jueces nacionales pueden estimar que su derecho interno puede "adaptarse" al Pacto de San José y a la jurisprudencia de la Corte IDH.

---

[139] Corte IDH. *Caso Almonacid Arellano Vs Chile. Excepciones Preliminares, Fondo, Reparaciones y Costas.* Sentencia de 26 de septiembre de 2006. Serie C No. 154, párr. 123.

[140] Corte IDH. *Caso Radilla Pacheco Vs México. Excepciones Preliminares, Fondo, Reparaciones y Costas.* Sentencia de 23 de noviembre de 2009. Serie C No. 209, 154, párr. 338-340

[141] Corte IDH. *Caso Comunidad Indígena Xákmok Kásek Vs. Paraguay. Fondo, Reparaciones y Costas.* Sentencia de 24 de agosto de 2010. Serie C No. 214, párr. 311.

Por todo ello, considero fundamental para la región que la Corte Interamericana siga manteniendo el nivel de diálogo que ha tenido (menos dialógico que el TEDH), con controles fuertes pero constructivos y con la justificación que le da el resolver *"cornerstone cases"*. La Corte IDH está estructurada de esta manera, es un Tribunal con poco presupuesto, con pocos casos al año, pero con una fuerza extraordinaria en la región. De mantenerse esta tendencia, es muy probable que los Tribunales Constitucionales locales sigan las pautas establecidas por la Corte IDH y puedan irse convirtiendo en tribunales con desarrollos jurisprudenciales importantes. Será entonces, que las condiciones del juego de los diálogos puedan ir cambiando, pero por ahora, en una región donde las democracias están por consolidarse, donde hasta hace poco existían violaciones masivas en los derechos humanos, donde existen altos niveles de corrupción y con Tribunales Constitucionales jóvenes, la protección de los Derechos Humanos en el nivel supranacional tiene una importancia de primer orden en las Américas.

REFERENCIAS BIBLOGRÁFICAS

ANSUATEGUI F. J. —Derechos fundamentales y tradiciones constitucionales comunes en la aplicación del Derecho Europeo, *Revista del Instituto de Derechos Humanos Bartolomé de las Casas,* número 3, Madrid, 2013.

BANDEIRA, G., UREÑA, R y TORRES, A. (coords.), *Protección multinivel de los derechos. Manual,* Red de Derechos Humanos y Educación Superior. Barcelona, 2013.

BAQUERO, J. —De la cuestión prejudicial a la casación europea: reflexiones sobre la eficacia y uniformidad del Derecho de la Unión‖, *Instituto Universitario Europeo* (Florencia), pp. 1 a 20.

BAYÓN, J. C —El constitucionalismo en la esfera pública global, *Anuario de Filosofía del Derecho*, vol. 29 (2013) pp. 57-99.

BAZÁN, V., 2010: —Corte Interamericana de Derechos Humanos y Cortes Supremas o Tribunales Constitucionales Latinoamericanos: el control de convencionalidad y la necesidad de un diálogo interjurisdiccional crítico, *Revista Europea de Derechos Fundamentales*, 16 (2010) 15-44.

------- 2013 —Hacia un diálogo crítico entre la Corte Interamericana de Derechos Humanos y las cortes supremas o tribunales constitucionales latinoamericanos, en E. Ferrer Mac-Gregor y A. Herrera (coords.), *Diálogo jurisprudencial en Derechos Humanos entre Tribunales Constitucionales y Cortes Internacionales*, Tirant Lo Blanc. México, 2013, 569 – 598.

BURGORGUE-LARSEN, L., 2011: —La formación de un derecho constitucional europeo a través del diálogo judicial‖, en J. I. Ugartemendia y G. Jáuregui (coords.), *Derecho constitucional europeo*, Valencia, Tirant lo Blanch, 2011, 41- 76.

BUSTOS GISBERT, R., 2005: *La constitución red: Un estudio sobre supraestatalidad y constitución*, Oñati, IVAP, 2005.

------- 2012: —XV proposiciones generales para una teoría de los diálogos judiciales, *Revista Española de Derecho Constitucional*, 95 (2012) 13-63.

------- 2012: *Pluralismo constitucional y diálogo jurisprudencial*, Porrúa, México, 2012

DE BURCA, G. —The European Court of Justice and the International legal order after Kadi‖, *Harvard Internacional Law Journal*, Volume 51, núm 1, Winter 2010, pp. 1-49.

ELSTER, J. *La deliberación y los procesos de creación constitucional*, editorial Gedisa, Barcelona, 2001.

FERRAJOLI, L.: *Principia iuris. Teoria del diritto e della democrazia*, Roma- Bari, Laterza, 2007;(hay t. cast. de P. Andrés Ibáñez, J.C. Bayón, M. Gascón, L. Prieto Sanchís y A. Ruiz Miguel), *Principia iuris. Teoría del derecho y de la democracia*, Madrid, Trotta, 2011.

FERRER MAC-GREGOR. E, —Eficacia de la sentencia interamericana y la cosa juzgada internacional: vinculación directa hacia las partes (*res judicata*) e indirecta hacia los Estados parte de la Convención Americana‖, en id. y A. Herrera (coords.), *Diálogo jurisprudencial en Derechos Humanos entre Tribunales Constitucionales y Cortes Internacionales*, Tirant Lo Blanch. México, 2013, p. 617-672.

FERRERES COMELLA, V. 2006: —El juez nacional ante los derechos fundamentales europeos. Algunas reflexiones en torno a la idea de diálogo, M. Carrillo y H. López Bofill (coords.), *La Constitución europea*, Valencia, España, Tirant lo Blanch, 2006, 55-94.

GARCIA RAMIREZ, S. —El control judicial interno de convencionalidad, en E. Ferrer y A. Herrera (coords.), *Diálogo jurisprudencial en Derechos Humanos entre Tribunales Constitucionales y Cortes Internacionales*, Tirant Lo Blanch. México, 2013, 767 – 804.

GARCÍA ROCA, J., 2010: *El margen de apreciación nacional en la interpretación del Convenio Europeo de Derechos Humanos: Soberanía e integración*, Cizur Menor, Civitas-Thomson Reuters, 2010.

------- 2012: —El diálogo entre el Tribunal Europeo de Derechos Humanos y los tribunales constitucionales en la construcción de un orden público europeo, *Teoría y realidad constitucional*, 30 (2012) 183-224.

GARGARELLA, R. y COURTIS, C. *El nuevo constitucionalismo latinoamericano: promesas e interrogantes*. CEPAL, Santiago de Chile, 2009.

GERARDS, J., 2012: —The Prism of Fundamental Rights‖, *European Constitutional Law Review*, 8 (2012) 173-202.

GORDILLO PÉREZ, L.I., 2012: *Constitución y ordenamientos supranacionales*, Madrid, Centro de Estudios Políticos y Constitucionales, 2012.

JIMENA QUESADA, L., 2013: *Jurisdicción nacional y control de convencionalidad: a propósito del diálogo judicial global y de la tutela multinivel de derechos*, Cizur Menor, Aranzadi, 2013.

KLABBERS, J., A. PETERS y G. ULFTEIN, 2009: *The Constitutionalization of International Law*, Oxford, Oxford University Press.

KRISCH, N., 2008: ―The Open Architecture of European Human Rights Law, *Modern Law Review*, 71 (2008) 183-216.

LEGG, A., 2012: *The Margin of Appreciation in International Human Rights Law: Deference and Proportionality*, Oxford University Press, 2012.

LOPEZ CASTILLO, A. ―Constitución y constitucionalización en la Europa de entre siglos, en J. I. Ugartemendia y G. Jáuregui (coords.), *Derecho constitucional europeo*, Valencia, Tirant lo Blanch, 2011, 113-153.

MAcCORMICK, N. *Questioning Sovereignty. Law, State and Practical Reason* Oxford, Oxford University Press, 1999.

NOGUEIRA ALCALÁ, H., 2012: ―Los desafíos del control de convencionalidad del corpus iuris interamericano para los Tribunales nacionales y su diferenciación con el control de constitucionalidad‖, en AA.VV., *Constitución y democracia ayer y hoy: Libro homenaje a Antonio Torres del Moral*, Madrid, Universitas, 2012, tomo I, 1127-1188.

SAGÜES, N. ―El control de convencionalidad en el sistema interamericano, y sus anticipos en el ámbito de los derechos económicos-sociales. Concordancias y diferencias con el sistema europeo, en E. Ferrer Mac-Gregor y A. Herrera (coords.), *Diálogo jurisprudencial en Derechos Humanos entre Tribunales Constitucionales y Cortes Internacionales*, Tirant Lo Blanch. México, 2013, 993‒ 1030.

------- 2003: ―Las relaciones entre los tribunales internacionales y los tribunales nacionales en materia de derechos humanos. Experiencias en Latinoamérica, *Revista Ius et Praxis*, año 9, núm. 1, pp. 1-15.

SLAUGTHER, A. M. ―A Typology of Transjudicial communication, *University of Richmond Law Review*, 29, 1994.

STOKES, S. ―Patologías de la deliberación‖ en ELSTER, J. (compilador) ―*La democracia deliberativa*, Gedisa, Barcelona, 2001.

TORRES PÉREZ, A., 2009: *Conflicts of Rights in the European Union: A Theory of Supranational Adjudication*, Oxford University Press 2009.

------- 2011: —En defensa del pluralismo constitucional, en J. I. Ugartemendia y G. Jáuregui (coords.), *Derecho constitucional europeo*, Valencia, Tirant lo Blanch, 2011, 155-178.

--------2006 —The internationalization of lawmaking processes: Constraining or empowering the executive?, *Tulsa Journal of Comparative and International Law*, núm. 14, 2006.

VICIANO. R. *Estudios sobre el nuevo Constitucionalismo latinoamericano*, Valencia, España, Tirant Lo Blanch, 2012.

VERGOTTINI, G. DE, 2010: *Más allá del diálogo entre tribunales: Comparación y relación entre jurisdicciones* (trad. cast. de P. J. Tenorio, con Prólogo de J. García Roca), Cizur Menor, Civitas-Thomson Reuters, 2010.

VON BOGDANDY, A. —La integración europea a la luz de la Constitución alemana: una reflexión en torno a la Sentencia del Tribunal Constitucional Federal sobre el caso Maastricht. *Cuadernos de Derecho Público*, núm. 13, 2001.

WALDRON. J. *Law and Disagreement,* Oxford University Press, 1999.

ZAGREBELSKY. G. *El derecho dúctil: ley, derechos, justicia (traducción de Marina Gascón).* Trotta, Madrid, 1995.

Capítulo 4.-Protecting Traditional Knowledge for Indigenous Peoples: The Effectiveness of International Human Rights Remedies

Jorge Calderon Gamboa*[142]

(México)

Introduction

Traditional Knowledge (TK) from indigenous communities is a crucial aspect of indigenous peoples lives. It is also the means through which they have preserved their culture throughout thousands of years. Therefore, TK must be effectively protected at the domestic as well as at the international level.

Due to a lack of recognition of fundamental indigenous rights in domestic law, traditional knowledge rights have not been included in most legislation nor protected in most of the countries that have indigenous populations.[143]

---

[142] *Jorge F. Calderon Gamboa: Senior Staff Attorney at the Inter-American Court of Human Rights; JD, Universidad Iberoamericana, Mexico; LL.M. International Law, American University-Washington College of Law 2007. The views presented in this article are those of the author alone and do not reflect the position of the Court. This article was first published in the Revista do Instituto Brasileiro de Direitos Humanos, Sumario da Revista no. 8., Agosto 2008. http://www.corteidh.or.cr/tablas/21881.pdf.

[143] Examples of countries with very limited protection of TK are: Canada, Australia, Peru, Panama, and Costa Rica.

At the international level, the intellectual property system developed by the TRIPS (Trade-related aspects of intellectual property rights) agreement has negatively impacted the way of life of indigenous peoples, especially in the area of agriculture and plants.[144] Bio-piracy[145] cases have been presented where multinational corporations have patented seeds or plants used by indigenous groups, obligating them to then pay for their own traditional sources of livelihood, appropriating knowledge obtained by others,[146] or in other cases misusing their cultural and spiritual characteristics for the commercialization of different products.[147]

In recent years, the Intellectual Property system (Doha WTO Ministerial Declaration, WIPO, UNCAT), has explored the possibility of using the current Intellectual Property Rights (IPR) system in order to cover TK.[148] This intent has not been successful, mainly because IPR are based on the idea of individual rights[149] that require indigenous communities to fit into a corporation's framework, rather than respecting the communal

---

[144] Graham Dutfield, *Protecting Traditional Knowledge and Folklore: A review of progress in diplomacy and policy formulation*, UNCTAD-ICTSD, Issue paper No. 1 (2003), at. 16 See also Lars Anders Bears, *Protection of Rights of Holders of Traditional Knowledge, Indigenous Peoples and Local Communities*. WORLD LIBRARIES, Vol. 12, No. 1, (2005). at 5.

[145] Define as the *"appropriation of the knowledge and genetic resources of framings and indigenous communities by individuals or institutions seeking exclusive monopoly control over these resources and knowledge"*. Cited in CIPR, *Integrating Intellectual Property Rights and Development Policy*, at 74-8.

[146] *I.e.* Cases such as *Ayahusca, Hoodia Catus, Neem, Tumeric.*

[147] *I.e.* Cases of Misappropriation: Milpurrurru (Australia).

[148] Other Convention that includes TK is the Convention on Biodiversity (CBD);

[149] Christine Haight Farley, *Protecting Folklore of Indigenous People: IS Intellectual Property the Answer?*, 30 Conn. L. Rev. 1, 5 (1997). See also U.N. Econ. & Soc. Council [ECOSOC}, *General Comment No 17* (2005), E/C.12/GC/17.

nature of indigenous communities.[150] However, the necessity of developing a new sui-generis system that provides protection to TK has been recognized.[151]

In the arena of human rights, TK has not been effectively protected. This is because the issue of TK was mainly developed in the arena of IPR. With regards to this, different HR bodies therefore present inconsistencies in considering whether IP is a human right or not, and whether IP should be considered a property right or as an economic, social and cultural right.[152] Second, indigenous rights are still the matter of an inconclusive debate in the arena of human rights, mainly over the recognition of collective cultural rights, which impedes defining the scope of the protection of TK.[153]

Indigenous peoples have demanded a solution before both systems (IP & HR) without receiving a concrete answer in the TK sphere. In recent years, indigenous groups have started to shift their TK complaints to a

---

[150] These IPR mechanisms are inter alia: *Collective Trade Marks, Geographical indicators, Patents, Copyrights, and Certification Marks.*

[151] *Sui generis* refers to an area where country practice differs —a unique system of protection. E.g. a country may pass a specialized TK law rather than incorporating such protections into one of the universal categories (copyrights, patents, TM, etc).

[152] See U.N. Econ. & Soc. Council [ECOSOC}, *General Comment No* 17 (2005), E/C.12/GC/17. See also European Convention on HR, American Convention on HR.

[153] Cf. The Twelve Saramaka Clans v. Suriname, Case 12.338, Inter/Am. C. H. R., Report No. 9/06, OEA/Ser/L/V/II.124,Doc.16, (2006). (*Concluding that "The State of Suriname violated Articles 1 and 2 of the Convention by failing to recognize or give effect to the collective rights of the Saramaka people rights to their lands and territories". Para 259.* The case was then ruled at the I/A Court H.R., *Case of the Saramaka People. v. Suriname. Preliminary Objections, Merits, Reparations, and Costs.* Judgment of November 28, 2007 Series C No. 172*).* See also ECOSOC, Permanent Forum on Indigenous Issues, Report of the Secretariat on Indigenous Traditional Knowledge. E/C.19/2007/10 (March 2007), (Hereinafter, "Report on Indigenous TK").

human rights approach,[154] arguing TK as a human right of indigenous peoples rather than just expressions subject to protection of IPR. A very important advance has been taken during the process of discussion and the recently adoption of the UN Declaration on the Rights of Indigenous Peoples (UN Declaration), which recognizes the rights of indigenous peoples *"to maintain, control, protect and develop their cultural heritage, traditional knowledge and traditional cultural expressions. Also to maintain their intellectual property over such... and the right to redress for a cultural or intellectual property".*[155]

Presently, indigenous communities (collective and individual victims) do not have an effective international remedy to claim violations of the right to protect their TK, nor to the right to receive a redress for the damages occasioned in their communities. No international IP system provides standing for indigenous communities to claim bio-piracy or misappropriation, and there are no ways in which to enforce the initiatives that have been created at the international level (CBD, WIPO, Doha, FAO, UNESCO, etc). As opposed to this, however, the HR system has mechanisms to receive indigenous community petitions, although the TK

---

[154] Mugabe John, *Intellectual Property Protection and Traditional Knowledge*, WIPO, Panel discussion on Intellectual Property and Human Rights, (1998), at. 8. available at: http://www.wipo.int/tk/en/hr/paneldiscussion/papers/index.html. *(Considering two reasons: I) the bio-piracy cases contriving fundamental moral, ethical and legal norms, and ii) knowledge of indigenous peoples is their property and there are no reason why international law should discriminate them creating barriers to their enjoyment of their property).* See also, Debates before the Sub-Commission on the Promotion and Protection of Human Rights.

[155] UN-GA. Resolution, A/RES/61/295, (A/61/PV.107, 13 Sept. 2007 GA/10612) The United Nations Declaration on the Rights of Indigenous Peoples has been approved after 143 Member States voted in favour, 11 abstained and four – Australia, Canada, New Zealand and the United States – voted against the text. Antecedent: Human Rights Council Res. 2006/2, Working group of the Commission on Human Rights to elaborate a Draft Declaration in accordance with paragraph 5 of the General Assembly res. 49/214 of 23 December 1994 (2006).

matter has not been explored and could present some problems in the recognition of TK as a right.

Given this context, two basic and fundamental rights have been denied; the right to an effective remedy and the right to repair damages for a violation of a right.

This paper argues that human rights have to take an important role in the protection of TK. Human rights approaches have the advantage of eventual recognition of some collective rights within indigenous peoples' rights. Moreover, at a judicial level HR provides a system of integral reparations of damages in benefit of the community that goes further than the compensatory measures included in the IP system.[156] Therefore, the HR system could provide the indigenous communities with the opportunity to claim an effective protection of TK and also guarantee them access to an effective international remedy and redress.

Finally, this article does not analyze in depth the characteristics of the protection of IPR, domestic protections, or human rights conflicts with collective rights. Rather, it analyzes whether traditional knowledge is effectively protected under international human rights remedies, examining both regional systems as well as universal ones, and judicial and non-judicial remedies.

For this purpose the paper is divided in five sections. First, a background description of the interrelation of TK with IP and HR. Second, a theoretical analysis as to the right to an effective remedy and redress. Third, an analysis of the existing international HR remedies available for the protection of TK. Fourth, TK through an effective remedy

---

[156] See Farley, *suppra* note 8, at 39

and redress. Finally, an analysis of the implications of the lack of protection, based on a critique in light of international protections.

I. Traditional Knowledge: interrelation and conflicts with Intellectual Property and Human Rights. Defining the right.

A) Conceptualization of TK.

Traditional knowledge has been defined as "the totality of all knowledge and practices, whether explicit or implicit, used in the management of socio-economic and ecological facets of life. It is usually a collective property of a society".[157] In a different approach, the Convention on Bio Diversity (CBD) refers to TK as innovations and practices of indigenous and local communities embodying traditional lifestyles relevant for the conservation and sustainable use of biological diversity.[158] The Permanent Forum on Indigenous Issues has further stated that "TK of indigenous peoples is their inalienable cultural heritage and embodies their cultural identity".[159]

The discussion about TK also includes other terminologies such as folklore, heritage, community resources, traditional cultural expression (TCE),[160] traditional group knowledge and practice (TGKP).[161] TK is not

---

[157] John Mugabe, *suppra* note 12, at 3.

[158] Convention on Biological Diversity, G.A. res. 51/182, 51 U.N. GAOR Supp. (No. 49) at 166, U.N. Doc. A/51/49 (Vol. I) (1996).

[159] Report of the Permanent Forum on Indigenous Issues, 3rd Sess., UN Doc. E/2004/43/e/C.19/2004/23 (2004), at. 27.

[160] See WIPO, Draft Provisions on Traditional Cultural Expressions/Folklore and Traditional Knowledge.

[161] See Peter Drahos, *Towards an International Framework for the Protection of Traditional Groups*

exclusive of indigenous peoples because it belongs to all ancestral cultural expressions and knowledge that are still maintained in societies.[162] This paper refers to TK as the general traditional knowledge, folklore and cultural expressions exercised by indigenous peoples.

The main concerns regarding TK have been identified by WIPO as follows: i) loss of traditional lifestyles; ii) lack of respect for traditional knowledge and holders; iii) misappropriation of TK; iv) use of TK without any benefit sharing or in a derogatory manner; v) no efforts to preserve and promote the use of TK.[163]

TK could be considered an economic, social and cultural right because some parts of its expressions could be necessarily considered as the "right to benefit of the protection of moral and material interest of the author",[164] such as handicrafts, folklore, arts or spiritual expressions. Moreover, some other components of TK could be better protected under the idea of the rights to property, especially those linked with land rights and the environment. Nevertheless, both rights could be fulfilled in part for the protection of intellectual property rights, which provide some mechanisms such as trademarks or geographical indicators or patents that could be effective for specific circumstances (defensive and positive protection measures).[165] Other *sui generis* systems could be the solution for the protection of TK.

Knowledge and Practice, UNCTAD, (2004).

[162] John Mugabe, *suppra* note 13,a t 12

[163] WIPO, *"Intellectual Property Needs and Expectations of Traditional Knowledge Holders"*, WIPO Report on Fact-Finding Missions, Geneva, (1998-1999), cited in CIPR, *Integrating intellectual Property Rights and Development Policy.* at. 75.

[164] *General Comment No 17*, *suppra*, note 11, para. 1,2,3.

[165] See Graham Dutfield, *suppra*, note 3.

The focus of this analysis concentrates on the fundamental right of indigenous peoples to the protection of their TK based on the rights established in the UN Declaration on Indigenous Rights mentioned above[166], stressing the "right to protect" TK, rather than maintain, promote or develop it.

B) The conflict between IP and TK.

IP is a double-edged sword: it has strongly affected the right of indigenous peoples and farmer rights, but it is also presented as one of the main solutions for protecting TK. However, the different nature and characteristics of both present fundamental problems.

TK differs fundamentally from conventional IPR in the following ways: "a) TK is a communal right, often vested in clan, family or other socio-political groups; (b) TK cannot be readily associated with a single, identifiable individual creator, author or producer; (c) TK is managed and owned in accordance with customary rules and codes of practice, and is usually not sold or alienated like conventional intellectual property rights; (d) They include rights to all forms of traditional knowledge such as intangible cultural products and expressions, all of which are not protected under conventional intellectual property laws; (e) Indigenous traditional knowledge is usually transmitted orally and is therefore not subject to the same requirements regarding material forms that pertain to conventional intellectual property systems".[167]

---

[166] See note 14.

[167] ESCOR, Committee on Economic, Social and Cultural Rights, Protecting the rights of Aboriginal and Torres Strait Islander traditional knowledge, 24th Sess., Provisional Agenda item 3, U.N. Doc. E/C.12/2000/17 (2000).

Professor Farley mentions that "the underlying rationale of intellectual property law privileges individual ownership, economic exploitation, and the dissemination of new expressions of ideas. IPR are driven by the economics of free enterprise and profit."[168]

IPR have evolved effectively in order to protect and develop innovation. In the legal framework of the WTO, the Trade Related Intellectual Property Rights Agreement (TRIPS) was implemented and negotiated during the Uruguay Round. One of the main conflicts presented with IPR and TK is Article 27.3 (b) of TRIPS, which includes an exception of patentability. It is established that Members may exclude plants, animals and essentially biological processes for the production of plants or animals from patentability. Microorganism and non-biological and microbiological processes may not be excluded. "However, Members shall provide for the protection of plant varieties either by patents or by an effective *sui generis* system or by any combination thereof."[169]

Article 27.3(b) of TRIPS became highly controversial because it meant that any plant or animal that was genetically modified could be considered "processed" and thus could not be excluded from patentability. This was also the first time that life forms were considered patentable under global intellectual property rules. Vandana Shiva explained it in the following way: "TRIPS has become the major "legal" means by which global corporations have been able to steal and patent the medicinal knowledge and the seeds of indigenous peoples through the world: global bio-piracy".[170]

---

[168] Farley, *suppra*, note 8, st. 54.

[169] Article 27.3 (b).

[170] Vandana Shiva, TRIPS *Agreement: From the Commons to Corporate Patents on Life*, PARADIGMS WARS, INDIGENOUS PEOPLE'S RESISTANCE TO GLOBALIZATION, INTERNATIONAL FORUM ON

During the Doha Ministerial Declaration, the WTO instructed the Council for TRIPS to examine the conflict between TRIPS and TK.[171] Developing countries had called for the harmonization of TRIPS and the CBD regarding the use of genetic resources and the protection of TK. Some had argued for the extension to exclude all life forms, and that the principle of informed consent should be incorporated into TRIPS.[172] Other proposals are to include provisions of disclosure of origin and evidence of fair and equitable benefit sharing under the national regime of the country of origin.[173] The review of Article 27.3(b) is still in process.

The World Intellectual Property Organization (WIPO) has made important efforts to harmonize IPR with social conflicts. WIPO has been working on a draft provision for a policy to cover protection of Traditional Cultural Expressions and Folklore.[174] The overall goal is to try to protect them from misappropriation, without necessarily creating exclusive property rights over TK. It also recognizes that traditional IP law does not always provide a comprehensive protection of TK.[175]

Many academic authors, civil society members, as well as indigenous leaders have concluded that the traditional IPR system is not

---

GLOBALIZATION, (2006), at. 81.

[171] Doha Ministerial Declaration, adopted on November 14, 2001, Para 19, WT/MIN(01).DEC/1

[172] Peter Drahos, *suppra*, note 20, at. 12.

[173] Graham Dutfield, *suppra*, note 3, at 16

[174] WIPO, The Protection of Traditional Cultural Expressions/Expressions of Folklore, WIPOGRTKF/IC/8/4, Geneva, June 6 –10 (2005).

[175] Id para. 10.

able to protect traditional knowledge and therefore a *sui generis* system is needed with a more holistic approach that also provides enforceability.[176]

C) Interrelation and conflicts between IP and HR.

In the HR arena, IPR have been controversial. However, IPR have tried to fit into the right to property as well as the right to benefit from the protection of the moral and material interest (ESCR). At the same time, different groups have tried to place HR into the IP sphere and vise versa (For example WIPO).

The Committee on Economic, Social and Cultural Rights established in its *General Comment 17* (2005) an analysis of article 15(1)(c) of the Covenant on ESCR, concerning the right of everyone to benefit from the protection of the moral and material interest resulting from any scientific, literary or artistic production of which he or she is the author. It mentioned that HR are fundamental (inherent to the human person), inalienable and universal entitlements belonging to individuals and, under certain circumstances, *groups of individuals and communities.* On the contrary, IPR are means by which States seek to provide incentives for inventiveness and creativity and preserve the integrity of scientific, literary and artistic products. It emphasizes that in contrast to HR, IPR are generally of a temporary nature, and can be revoked, licensed or assigned to someone else. Also, they can be limited in time scope, traded, amended and even forfeited. IPR primarily protects business and corporate interests and

---

[176] Some authors: Peter Jazzy; Peter Drahos; John Mugabe; Farley; Eliana Torelly; Meghana RaoRane. Organizations such as WIPO, UNCTAD. ECOSOC. See also the recently Report on Indigenous TK, note 12.

investments. It concludes that is important not to equate IPR with the human right recognized in Article 15.[177]

Accordingly, it appears that the *General Comment* considered IPR not as a fundamental right inherent to the person, but rather as an eventually effective mechanism to protect the human right to benefit from the protection of the moral and material interest of the author. In other words, IPR could be a tool to protect a fundamental right but the scope of the human right included in Article 15 is broader and contains different characteristics than IPR.

The other link between both areas could be found in the right to property, which is a human right recognized in almost every human rights treaty. Even their social and economic nature has been included in the civil and political rights catalogs for historical reasons. Many arguments exist about whether IPR could be considered property rights. The Inter-American and European Courts of Human Rights have dealt with and recognized specific cases of IPR within the right to property provisions in the Palamara v. Chile case and Anheuser-Bush Inc v. Portugal case respectively.[178]

The Sub-Commission on the Promotion and Protection of Human Rights in the United Nations Commission on Human Rights has adopted some resolutions about the conflicts presented between IPR and HR. The Sub-Commission has requested that the UN High Commissioner for HR seeks observer status with the WTO for the review of TRIPS. Moreover, it

---

[177] *General Comment No* 17, *suppra*, note 11, para 1,2,3.

[178] IACtHR. Case Palamara Iribarne Vs. Chile. Judgment of November 22, 2005. Serie C No. 135, and European Court of Human Rights (hereinafter "European Court"), Case of Anheuser-Busch Inc. v. Portugal, Judgment of January 11, 2007.

has called for the protection of traditional knowledge and cultural values of the heritage of indigenous people.[179]

On the other hand, WIPO has included the relevance to respect international human rights law in its policy provisions for the protection of TK.[180]

D) Interrelation between HR and TK

From the start, HR has been established based on the conception of individual rights. A conflict that TK could face under the HR umbrella would be the lack of recognition of collective rights of communities.

For instance, the UDHR was founded upon this idea. Even though ESCR were incorporated in the UNDHR, they originally stemmed from the concept of the interrelation of the individual with these rights.[181] The question now will be whether TK is a collective property and generates collective rights. Recently, broader interpretations have been made regarding important HR provisions that have allowed for the protection of collective rights. For example, some of the Articles that have been argued for the protection of collective rights of indigenous peoples are the following:

According to Art 27 (2) of the *Universal Declaration of Human Rights* (UDHR), "everyone has the right to the protection of the moral and material interest resulting from any scientific, literacy or artistic production

---

[179] UN Commission on HR, Sub-Commission on the Protection and Promotion of Human Rights (2001), *Intellectual property and human rights*, Resolution 2001/21 E/CN.4/SUB.2/RES/2001/21. *cited in Dutfield* Graham, *suppra* note 3 at. 17

[180] WIPO, Draft Provisions, *suppra* note 19, para g).

[181] Donnelly, *Universal Human Rights in Theory and Practice*, Corn. Univ. Press, NY, (1989), at. 144. *(Stressing that any rights that might arise from solidarity would not be human rights).*

of which one is the author". The same provision is established in Article 15(1)(c) of the *International Covenant on ESCR* (ICESCR) as well as Article 14(1)(c) of the Protocol of San Salvador.

The Committee on ESCR has interpreted Article 15(1)(c) in *General Comment 17*, imposing the following obligations for the state parties: *to protect, respect and fulfill.* The Committee mentions "State parties should adopt measures to ensure the effective protection on the interest of indigenous peoples relating to their products, which are often expressions of their cultural heritage and TK".[182] Such measures are mentioned as individual or collective protection under the IP regimes. Those measures should respect the principle of free, prior and informed consent of indigenous authors and they should provide for the collective administration by indigenous peoples of the benefits derived from their products.

Within this right, the Committee has established as a *core obligation* (which has immediate effect), the right of equal access for marginalized groups to an appropriate remedy and redress in the case that their moral and material interests have been infringed upon.[183]

General Comment 17 clearly recognizes collective rights in the case of indigenous peoples.[184] Article 27 of the *International Covenant on Civil and Political Rights* (ICCPR) provides that "In those States in which ethnic, religious or linguistic minorities exist, persons belonging to such minorities

---

[182] *General Comment No* 17, *suppra*, note 11, para. 32.

[183] *Id.* para. 40 d).

[184] Cfr. Peter-Tobias Stoll et. al, *Indigenous Peoples, Indigenous Knowledge and Indigenous Resources in International Law*, INTERNATIONAL HERITAGE AND INTELLECTUAL PROPERTY, Kluwer Law International, (2004), at. 19 (*considering that the ICESCR do not provide for basis in the context of indigenous resources and indigenous TK*).

shall not be denied the right, in community with the other members of their group, to enjoy their own culture, to profess and practice their own religion, or to use their own language."

Even thought the word used is "minorities," this Article has been used to cover indigenous communities.[185] In the interpretation of this Article, the meaning of culture has to be understood in a broader sense including some aspects of economic activities. Nevertheless, it must be interpreted case by case.[186] The UN HR Committee in *General Comment 23* (50), has established that "the enjoyment of this right may require positive legal measures of protection and measures to ensure the effective participation of members of communities in decisions which affect them".[187]

ILO Convention No. 169, concerning *Indigenous and Tribal Peoples in Independent Countries*, is the only legally binding instrument of international law regarding indigenous peoples.[188] Although the Convention does not mention TK and folklore, this instrument could be articulated in order to protect TK. Article 23 establishes that "handicrafts, rural and community-based industries, and subsistence economies and traditional activities of the peoples concerned... shall be recognized as important factors in the maintenance of their cultures and in their economic self-reliance and development." Moreover, Article 13 states that all States "shall respect the special importance of the cultures and spiritual values of the peoples

---

[185] U.N. Human Rights Committee, *Ominayak and the Lubicon Lake Band v. Canda*, (fn. 68).

[186] Peter-Tobias Stoll et all, *suppra* note 43, at. 20

[187] U.N. HR Committee [HRC}, *General Comment No* 23, art 23 (1994), UN. Doc. HRI GEN 1 Rev. 1. para 50.

[188] Convention concerning Indigenous and Tribal Peoples in Independent Countries (ILO No. 169), 72 ILO Official Bull. 59, *entered into force* Sept. 5, 1991, (Ratified by 14 States).

concerned of their relationship with [their lands]…"

The *UN Declaration on Indigenous Peoples Rights*, approved by the HR Council, and recently adopted by the UN General Assembly "is the most comprehensive statement of the rights of Indigenous Peoples to date, establishing collective rights to a greater extent than any other document in international human rights law. It establishes the rights of Indigenous Peoples to the protection of their cultural property and identity as well as the rights to education, employment, health, religion, language and more. It also protects the right of indigenous peoples to own land collectively".[189]

According to Article 31 "indigenous peoples have the right to maintain, control, protect and develop their cultural heritage, traditional knowledge and traditional cultural expressions… Also to maintain their intellectual property over such… (Above mentioned)"[190]. Article 12 recognizes the right to "manifest, practice, develop and teach their spiritual and religious traditions, customs and ceremonies; the right to maintain, protect, and have access in privacy to their religious and cultural sites; the right to the use and control of their ceremonial objects; and the right to the repatriation of their human remains", which also include the right to practice and enjoy culture. Article 24 mentions the right to "their traditional medicines and to maintain their health practices, including the conservation of their medicinal plants, animal and minerals…". Finally Article 34 establishes the link between indigenous development in accordance with international human rights standards.

---

[189] University of Minnesota, HR Library, *The Right of Indigenous Peoples*, (2003), available at: http://www1.umn.edu/humanrts/edumat/studyguides/indigenous.html.

[190] UN Declaracion on Indigenous Rights, *suppra* note, 14.

The *Proposed American Declaration on the Rights of Indigenous Peoples*[191] contains collective rights of indigenous peoples. In a different approach to the UN Declaration, the American Declaration in Article XX expressly includes IPR provisions, which includes: "Indigenous peoples have the right to the recognition and the full ownership, control and protection of their cultural, artistic, spiritual, technological and scientific heritage, and legal protection for their intellectual property through trademarks, patents, copyright and other such procedures as established under domestic law; as well as to special measures to ensure them legal status and institutional capacity to develop, use, share, market and bequeath that heritage to future generations". They also have the *right to* "control, develop and protect their sciences and technologies, including their human and genetic resources in general, seed, medicine, knowledge of plant and animal life, original designs and procedure".

The key issue is that indigenous peoples' rights are necessarily collective rights. It includes the right to land, natural resources, self-determination and culture.[192] It is under this umbrella that TK has been understood. Following this line, the Inter-American Court of HR has also recognized collective rights for indigenous peoples. In some cases, they have linked this with the right to property and in others they have provided collective reparation measures to benefit the affected community.[193]

---

[191] Proposed American Declaration on the Rights of Indigenous Peoples (Approved by the Inter-American Commission on Human Rights on February 26, 1997, at its 1333rd session, 95th Regular Session), OEA/Ser/L/V/.II.95 Doc.6 (1997).

[192] Mugabe, *suppra* note 13, p. 19

[193] See cases: I/A Court H.R., Case of the Mayagna (Sumo) Awas Tingni Community v. Nicaragua. Judgment of August 31, 2001. Series C No. 79, para 148; I/A Court H.R., Case of the Moiwana Community v. Suriname. Judgment of June 15, 2005. Series C No. 124; I/A Court H.R., Case of Yatama v. Nicaragua. Judgment of June 23, 2005 (Only in Spanish). Series C No. 127; I/A Court H.R., Case of Aloeboetoe et al v. Suriname. Judgment of

E) Defining the right.

To conclude this section, TK is one of the areas of law that intersects different disciplines and requires the understanding and protection of different laws such as HR, IP, the environment and indigenous rights. Therefore, it is logical that there have been conflicts of law. However, this should not be an excuse for the lack of protection of a fundamental right for indigenous peoples.

The position of this paper is that, first of all, TK is an indigenous peoples' right based on the recently adopted Declaration on Indigenous Peoples Rights, and supported in other treaties such as, *inter alia* ICCPR, CESCR, Convention 169 ILO (Article 23), CBD, the Protocol of San Salvador, and the African Charter on Human and Peoples' Rights (Article 20). Second, this right, as a human right, has multiple dimensions. Some of these are part of the sphere of ESCR, protecting moral and material interests, and some others are part of the sphere of the right to property as a human right. Third, TK is not IPR, but IPR, in some cases, can serve as a form of effective protection. Fourth, for the other aspects that cover TK, it is necessary to implement a *sui generi system* of protection of TK, which includes the indigenous rights approach (especially customary law[194]), as well as HR, environmental rights, and administrative law. Finally, it is fundamental that all of these systems provide effective mechanisms to

---

December 4, 1991. Series C No. 11; I/A Court H.R., Case of the Indigenous Community Yakye Axa v. Paraguay. Judgment of June 17, 2005 (Only in Spanish). Series C No. 125; /A Court H.R., Case of Sawhoyamaxa Indigenous Community v. Paraguay. Judgment of March 29, 2006. Series C No. 146; I/A Court H.R., Case of the Plan de Sánchez Massacre v. Guatemala. Judgment of April 29, 2004. Series C No. 105. See also, *The The Twelve Saramaka Clans.*

[194] See Report on Indigenous TK, note 12.

protect collective rights in the context of indigenous peoples; otherwise, they will never be effective.[195]

So far, the HR system has more possibilities for approaching the rights of indigenous peoples in a holistic way than does the IP system. Moreover, the HR system offers international mechanisms that could integrate all of these interrelations.

II. The right to an effective remedy and to reparation in international law for the protection of TK.

The recognition of a right implies as a consequence the implementation of an effective remedy that provides protection and therefore redress.[196] In other words, the remedy includes the ways that a violation of a right could be claimed and the reparation that could be granted in cases where such a violation is found. Therefore, in this case, three different independent[197] but interrelated rights exist: the right to protect TK, the right to an effective remedy, and the right to receive integral reparation of damages.

---

[195] Prof. Daes, Draft principles and Guidelines for the protection of the heritage of indigenous Peoples (holding that indigenous peoples are recognized as collective legal owners of their knowledge, in perpetuity).

[196] Professor Dina Shelton clarifies that the word "remedies" contains two separate concepts: procedural and substantive. The first case refers to the process but is arguably where claims human rights are decided. The second notion refers to the outcome of the proceeding; the relief afforded to the successful claimant. DINA SHELTON, REMEDIES IN INTERNATIONAL HUMAN RIGHTS LAW, at. 7, Oxford, (2005).

[197] There is a debate about whether the right to an effective remedy is an independent right. Article 25 of the American Convention on Human Rights have been considered, in contrast with Article 13 of the European Convention for the Protection of Human Rights and Fundamental Freedoms.

These rights apply before the violation of a right that is recognized and must be protected. The right to an effective remedy is not necessarily a judicial remedy; hence, this could also be supplied by a non-judicial body.[198] This paper will refer to remedies from judicial, quasi-judicial, and non-judicial remedies in international law.

A)The right to an effective remedy

It is fundamental to mention, "the right to access to a judicial remedy [including reparation] is widely guaranteed in international human rights treaties and can be considered as part of the corpus of the customary international law of human rights".[199]

An example of HR treaties that recognize the right to an "effective remedy" are the following: Article 8 of the UDHR (customary international law) provides that "everyone has the right to an effective remedy by the competent national tribunal for acts violating the fundamental right granted by the constitutions or laws".

Article 25 of the American Convention on Human Rights disposes that:

> *Everyone has the rights to simple and prompt recourse, or any other effective recourse, to a competent court or tribunal for protection against acts that violate his fundamental rights recognized by the Constitution or laws of the States or by this Convention...*

---

[198] *I.e.* Article 2(3)(b) of the International Convention on Civil and Political Rights. Cited in Dina Shelton *suppra* note 55 at, 114.

[199] SHELTON, *suppra* note 55.

Other provisions that include this right are: Article 2(3) of the ICCPR; Article 6 of the Convention on the Elimination of Racial Discrimination; Article 2(c) of CEDAW; Article 13 of the European Convention for the Protection of Human Rights and Fundamental Freedoms; Article 7 and 21 of the African Charter on Human and Peoples Rights[200] (ACHPR), amongst others.

In the case of TK, the Committee has established in *General Comment 17* regarding the rights protected in Article 15 of the ICESCR (protection of the moral and material interest of authors), that within these rights, the right to equal access for marginalized groups to an appropriate remedy and redress in the case that their moral and material interests have been infringed[201] constitutes a core obligation, which has immediate effect.

Other specific provisions of the right to effective remedy applied to indigenous peoples are found in the following instruments: *(Table 1)*

ILO 169	UN Declaration on Indigenous Peoples Rights	Propose American Declaration... on Indigenous
Article 8	Article 40	Article XVIII. 4
1. In applying national laws and regulations to the peoples concerned, due regard shall be had to their <u>customs or customary laws.</u>	Indigenous peoples have the right to have access to and prompt decision through just and fair procedures for the resolution of conflicts and disputes with States or other parties, as well as to <u>effective</u>	4. Indigenous peoples have the right to an effective <u>legal framework for the protection of their</u> <u>rights with respect to</u> the natural resources on their lands, including the ability
2. These peoples shall have the right to retain their	<u>remedies for all infringements</u>	to use, manage, and

---

[200] Article 7 includes a remedy for "rights recognized and guaranteed by conventions, laws, regulations and customs in force".

[201] *General Comment No* 17, note 11, *Id.* para. 40 d).

own customs and institutions, where these are not incompatible with fundamental rights <u>defined by the national legal system and with internationally</u> recognized human rights. Procedures shall be established, whenever necessary, to resolve conflicts which may arise in the application of this principle.	<u>of their individual and collective rights.</u> Such a decision shall give due consideration to the customs, traditions, rules and legal systems of the indigenous peoples concerned and international human rights.	conserve such resources; and with respect to traditional uses of their lands, interests in lands, and resources, such as subsistence.

The UN Declaration on Indigenous Rights provides the better standard of the right to remedy because it focuses not only in the framework protection of rights, but also in the right to an effective remedy in an individual and collective way.

Regional tribunals have interpreted that the remedy has to be timely, adequate and effective. <u>Adequate domestic remedies</u> are "those which are sustainable to address an infringement of a legal right… If a remedy is not adequate in a specific case, it obviously need not to be exhausted".[202] <u>Effective remedies</u> are those "capable of producing the result for which it was designed."[203]

---

[202] Corte IDH. Caso Velásquez Rodríguez Vs. Honduras. Sentencia de 29 de julio de 1988. Serie C No. 4, para 64.

[203] Id, at para. 66.

156

One of the main principles in international law applicable to international tribunals is that they are *subsidiaries* and only activated when the state has failed to afford the required relief.[204] As a consequence a basic rule consists of the exhaustion of domestic remedies in order to apply to the international system.[205] For instance, Article 46(2) of the ACHR establishes the following exception: i) the domestic legislation does not afford due process of law; ii) the parties have been denied access to the remedies under domestic law or have been prevented from exhausting them, or iii) there has been unwarranted delay in regarding a final judgment under the aforementioned remedies.

In order for indigenous rights to be used for the protection of TK, a first step must be that domestic legislation protects it in an adequate and effective manner. For instance, a non-effective protection of TK through some traditional IPR could be a violation of the right to remedy under the bases established above. Furthermore, in the case that such a right is not afforded due process in domestic legislation, for example because it does not allow collective claims or does not recognize indigenous collective rights, this would be an exception for the exhaustion of domestic remedies, opening the door for the activation of the international system of HR protection. A more specific application for TK will be analyzed in section C).

---

[204] Dina Shelton, *suppra* note 55, at. 114

[205] See, A.A. Cancado Trinidade, *The Application of the Rule of Exhaustion of Local Remedies in International Law* 1, at 57 (1983).

B) The Right to Reparation or Redress.

The reparation of damages is an important principle under international law and it is a consequence of the responsibility of the State. In other words, the breach of its international obligations stems from a duty of the State to provide adequate reparation.[206] Article 31 of the Text of the Responsibility of States for International Wrongful Acts, requires full reparation for the injury caused by international wrongful acts.[207] In the HR context, States have C&PR and ESCR obligations stipulated in their treaties. Moreover, the scope of this obligation includes an obligation to *respect, protect and fulfill* such rights.[208]

Under international law, when a State or other actor signs a treaty, convention, declaration or any other instrument (soft law), the State assumes the obligation to achieve the goals of the laws as a consequence of its commitment. Therefore, all these instruments bring obligations upon the States, some are binding instruments, and the others are under the scope of international responsibility of the States to be accomplished under the principle of good faith.[209] Examples of that are the Universal Declaration on Human Rights (which could be considered customary international law), the ICCPR (without the protocol), the ICESCR or the UN Declaration on the Rights of

---

[206] *See* Factory at Charzow, 1927, P.C.I.J., No. 8 (ser. A), No. 9, at 21. (July 26).

[207] See *supra*, note 55, Text adopted by the Commission at its Fifty-third session, in 2001

[208] *See* U.N. Econ. & Soc. Council [ECOSOC}, *General Comment No. 16*, U.N. E/C.12/2005/3 (May 13, 2005.) *(supporting the obligation of the State to protect human rights)*. See also GC 12, p 15, 14 para 37; 15, para 25.

[209] Convention on the Law of Treaties, 1155 U.N.T.S. 331, 8 I.L.M. 679, *entered into force* Jan. 27, 1980.

Indigenous Peoples. Further proof of this is that many of these instruments have implemented special bodies, which declare whether a violation of the instrument has taken place and follows through with recommendations, including reparation measures.[210]

Some of the provisions that offer the obligation to "redress" a violation are *inter alia*: Article 63(1) of the American Convention on Human Rights, which established that:

> If the Court finds that there has been a violation of a right or freedom protected by this Convention… if appropriate, that the consequence of the measure or situation that constituted the breach of such right or freedom be remedied and that fair compensation be paid to the injury party.

Other instruments that include redress are: Article 15(2), 16(4)(5) ILO Convention No. 169; Article 13, 50 (41) ECHR; Article 3 of Protocol 7 of the ECHR; Article 7, 21, 26 of the ACHPR; Article 10, ACHR; Article 2(3), 9(5), 14(6) of the ICCPR; 5 of the First Protocol of the ICCPR[211]; Article 75 (1), 79, 98 of the Statute and Rules of procedures and Evidence of the ICC, and many more.[212]

---

[210] See UN Committee on Human Rights, *Wilson v. The Philippines* 868/1999 (158) 30 October 2003. *(The UN Human Rights Committee specified the nature of the damages caused and provided remedies for each one.)*

[211] See Manfred Nowak, *The Right of Victims of Gross Human Rights Violations to Reparation*. RENDERING JUSTICE TO THE VULNERABLE, (Liber Amicorum in Honour of Theo van Boven), at. 203 – 224. Kluwer Law International, Netherlands, (2000).

[212] *I.e.* Article XI (1) of Annex 6 of the Dayton Peace Agreement for Bosnia and Herzegovina DPA; Article 6 Convention on the Elimination of Racial Discrimination; CEDAW; Article 14 of the UN Convention against Torture; Article 15(2) ILO convention No. 169; Article 19 of the Declaration on the Protection of all Personas from Enforced Disappearance, GC Working Group; Protocol I to the Geneva Conventions of 12 August 1949 (related **with Victims**

As was mentioned above, in the case of TK the Committee has established in *General Comment 17*, regarding the right protected in Article 15 of the ICESCR (protection of the moral and material interest of authors), that within these rights includes one of the core obligations, which has immediate effect, corresponding to *the right with equal access for marginalized groups to an appropriate remedy and redress in the case that their moral and material interest have been infringed.*[213]

Other specific provisions of the right to reparation in the context of indigenous peoples are found in the following instruments: (Table 2).

ILO 169	UN Declaration	Proposed American Declaration…
Article 15 (2)	Article 28	Article VII
2. In cases in which the State retains the ownership of mineral or sub-surface resources or rights to other resources pertaining to lands… The peoples concerned shall wherever possible participate in the benefits of such activities, and shall receive <u>fair compensation for any damages which they may sustain as a result of such activities.</u>	1. Indigenous peoples <u>have the right to redress, by means that can include restitution</u> or, when this is not possible, of a just, fair and equitable compensation, for	1. Indigenous peoples have the right to their cultural integrity, and their historical and archeological heritage…
4. When such return is not possible, as determined by agreement… these peoples shall be provided in all possible cases with lands of quality and legal status at least equal to that of the lands previously occupied by	the lands, territories and resources which they have traditionally owned	2. Indigenous peoples are entitled to <u>restitution in respect of the property of which they have been dispossessed, and where that is not</u>

in international **Armed Conflicts); and Article 31 – 39 of the Text on the Responsibility of the Sate for its Wrongful acts.**

[213] *General Comment No 17, suppra,* note 11, para 40 d).

them, suitable to provide for their present needs and future development. Where the peoples concerned express a preference for compensation in money or in kind, they shall be so compensated under appropriate guarantees.

5. Persons thus relocated shall be fully compensated for any resulting loss or injury.

or otherwise occupied or used, and which have been confiscated, taken, occupied, used or damaged without their free, prior and informed consent.

2. Unless otherwise freely agreed upon by the peoples concerned, compensation shall take the form of lands, territories and resources equal in quality, size and legal status or of monetary compensation or other appropriate redress.

Article 32
3. States shall provide effective mechanisms for just and fair redress for any such activities, and appropriate measures shall be taken to mitigate

possible, compensation on a basis not less favorable than the standard of international law.

Article XVIII
7. Indigenous peoples have the right to the restitution of the lands, territories and resources which they have traditionally owned or otherwise occupied or used, and which have been confiscated, occupied, used or damaged, or when restitution is not possible, the right to compensation on a basis not less favorable than the standard of international law .

Article XXI
3. Indigenous peoples have the right to restitution or compensation no less favorable than the standards of

161

	adverse environmental, economic, social, cultural or spiritual impact.	international law, for any loss which, despite the foregoing precautions, the execution of those plans or proposals may have caused
	Article 11 2. States shall provide <u>redress through effective mechanisms, which may include restitution,</u> developed in conjunction with indigenous peoples, <u>whit respect to their culture, intellectual, religious and spiritual property</u> taken without their free, prior and informed consent or in violation of their laws, traditions and customs.	them; and measures taken to mitigate adverse environmental, economic, social, cultural or spiritual impact.

In general these provisions focus on the compensation or restitution of indigenous lands. However, the UN Declaration talks about <u>cultural and intellectual property</u>. Article VII.2 of the Proposed American Declaration, disposes this right to "property" in general terms, which when read with the first paragraph could be linked to a broader conception of property. Also, the provisions state that the restitution must be in accordance with international law standards.

1. Reparation Principles

It is necessary to present a brief overview of the concept of reparation of damages in the human rights system based on the following four points:

First, it is extremely relevant to visualize the reparation of damages with a *double dimension*; as a State *obligation* derived from its responsibility and as a *fundamental right* for the victims.[214] That means that as a *right*, the indigenous communities are entitled to demand integral reparation for the violation of the protection of TK, which also, under the principles of reparation, must be adequate, effective, and fast.[215]

Second, According to international law, there are *direct, indirect and collective victims*.[216] Violations of indigenous rights could affect direct victims individually or collectively, and also indirect victims, such as the relatives or other members of the community, who also have the right to obtain reparation.[217] Another interesting conception of victims, which has been

---

[214] Reparations Principles. *infra*, note 74., Preamble *(victim's right to benefit from remedies and reparation)*.

[215] *See Basic Principles and Guidelines on the Right to a Remedy and Reparation for Victims of Gross Violations of International Human Rights Law and Serious Violations of International Humanitarian Law* G.A. Res. 60/147, U.N.Doc. A/RES/60/147 (Dic. 16, 2006). (Reparation Principles).

[216] *See* U.N. *Declaration of Basic Principles of Justice for Victims of Crime and Abuse of Power*, adopted by General Assembly Resolution 40/34 of 29 November 1985.

[217] Case: Aloebatoe, Moiwana, Zarayaku, etc. See, note 52.

litigated internationally, is the notion of "the potential victim", which also could be used in the protection of collectivities such as indigenous communities.[218]

Third. It is necessary to identify what *kind of damage* the victims suffer from. Here it is important to distinguish between the damages occasioned to the victims and the specific measures to repair these damages. In a medical context, this relationship is similar to the injury and the remedy to alleviate the sickness.

International HR law recognizes the existence of two generic damages: Pecuniary and Non-pecuniary. Furthermore, within these divisions we can find more specific damages,[219] such as: Material Damage, which is divided into special damages *(daño emergente)* and loss of earnings *(lucro cesante);* Moral Damage is caused as a result of misrecognition of the human dignity of the victim, the pain and suffering as a consequence of a human rights violation.[220] This particular damage could have important relevance in the context of TK, because of its moral and psychological content; Damages to the Life Plan *(Proyecto de vida)*, recognized by the Inter-American Court on Human Rights (IACHR),[221] is a kind of damage that affects the personal realization of the

---

[218] *See* Morales de la Sierra v. Guatemala, Case 11.625, Inter-Am. C.H.R., Report No. 4/01 (2001) *(recognizing that all the women in Guatemala were potential victims of discrimination due to the fact that the civil law relating to the role of women in society and in the family was discriminatory).* This concept helps to understand the magnitude of the violation more than seek to repair every potential victim.

[219] The following classification is based on the *Inter-American System of Human Rights* (Commission and Court), but it is important to stress that the European Court of Human Rights has also recognized the same damages except for the *life plan damages* so far.

[220] FUANDEZ LEDESMA, HECTOR, EL SISTEMA INTERAMERICANO DE PROTECCION DE LOS DERECHOS HUMANOS, p. 516., IIDH, (2000).

[221] This damage has been recognized also in domestic level legislations such as in Peru and

individual through the affectation of their freedom to conduct their planned projects.[222] This kind of damage has also been argued by legal witnesses and indigenous communities in the context of the life plan of the community.[223] Even the life plan damage could be presented in cases that have strong infringements of communal cultural expression.

For instance, in a violation of the protection of TK, such as bio-piracy or misappropriation, economic *and* moral damages could be incurred by the community.

Fourth: The next step consists of identifying the *measures available to repair the specific damages* at the concrete case level. As an example, the IA Court of HR includes five distinct elements: *restitution in integrum*; fair compensation; rehabilitation; satisfaction and guarantees of non-repetition.[224] In the case of pecuniary damages caused by bio-piracy of TK, the reparation measures could consist of restitution of the rights over the plant or seed, and compensation for the economic damages and also guarantees of non-repetition through adequate protective legislation. In the case of misappropriation of TK, moral damages

---

Colombia.

[222] JORGE CALDERON GAMBOA, REPARACION DEL DAÑO AL PROYECTO DE VIDA POR VIOLACION A LOS DERECHOS HUMANOS. 77, Porrua, Breviarions Juridicos, (2005). *(establishing 7 criteria to asses the existence of a plan life damage)*

[223] Cfr. I/A Court H.R., Case of the Plan de Sánchez Massacre v. Guatemala. Reparations (Art. 63.1 American Convention on Human Rights). Judgment of November 19, 2004(Only in Spanish). Series C No. 116. *(In the court reports of experts, the victims representatives' testimonies, as well as the IACHR team argued the existence of a life plan damage not only to the specific victims, but also to the community. Thus, although the court only mentioned at non-pecuniary damages in its decision, in general we can consider that the court granted reparations that address this specific damage of the life plan for the collectivity)*

[224] See I/A Court H.R., Case of Loayza-Tamayo v. Peru. Judgment of September 17, 1997. Series C No.. para. 85.

could be compensated *inter alia* but satisfactory measures are also granted, such as public apologies or revindicatory measures.

Other forms of reparations could be performed depending on the nature of the specific case. Professor Theo van Boven described three additional *Special Measures* to take into consideration: (i) *Affirmative Action* regarding people who are racially and ethnically disadvantaged and marginalized; considering that additional resources should also be granted in order to enjoy their ESCR and also through the implementation of development programs. (ii) *The Moral Imperative of Reparation* "requires that the victim's dignity and worth as a human being be restored," through the concept of moral reciprocity or integrity with each other. (iii) *Dealing with Historical Wrongs*, special measures should be taken in order to create better conditions and carry out justice, contributing to the realization of economic and social rights for racially and ethnically disadvantaged and deprived groups.[225]

All these principles analyzed above should be taken into consideration in order to bring a claim before human rights mechanisms for a violation of indigenous peoples' right to benefit from the protection of TK.

In the context of IPR, the reparation of damage system does not provide real redress for indigenous peoples. First of all, the system has mainly served as a remedy for the cessation of the measure; Second, in cases of damages the assessment is based on the economic harm, which does not work in favor of indigenous expressions, and Third; because it does not provide for collective compensation. Professor Farley considers that the system of damages is the only way to ensure that outsiders will respect the copyrights of indigenous

---

[225] Theo van Boven, *The Right to Compensation and Related Remedies for Racial Discrimination Concluding observations.* HUMAN RIGHTS IN DEVELOPMENT YEARBOOK 2001, REPARATIONS: REDRESSING PAST WRONGS, p. 429 – 431. (2001).

groups. Under some copyright laws, only actual damages are awarded for economic harm caused by infringement. Many indigenous expressions cannot be valued economically. Thus, the real harm done, which lies in the moral, spiritual or social sphere, would go unpunished and would not be redressed.[226] Given these problems "the copyright law, as it is currently formulated, may not be entirely adequate to protect indigenous peoples… [cultural expressions]"[227]

In order for the IP system to provide adequate compensation, due to the particular characteristics of community and indigenous rights and the characteristics of the damages, it would be necessary to develop an integral reparation catalogue (i.e. WIPO, Article 8 of the Provisions protecting TCE/Folklore), which includes a cultural perspective which would *recognize material pecuniary damages (including IP damages), and moral, social and life plan damages. Reparations must include measures of restitution, compensation, satisfaction, guarantees of non-repetition, and affirmative actions.*

As a consequence, the current human rights approach to the integral reparation of damages is a more adequate mechanism for the kind of damages suffered by indigenous peoples.

C) Implications of the right to remedy and redress in the context of TK

In order to fulfill the right to benefit from the protection of TK for indigenous peoples, it has to be protected in domestic law through effective and adequate remedies, including *sui generis* mechanisms, as well as civil, administrative, criminal and principally *customary law remedies.* But at the same

---

[226] Christine Farley, *suppra* note 8, at 39 [].

[227] *Id.* , at 40 (The *Milpurrurru case in Australia is an adequate way to approach the damages*). *Malpurrurru,* 54 F.C.R. at 277.

time, these effective remedies must be able to grant individual and collective redress for the collective violations.

The nature of the rights included in TK is that "protection" is needed in order to maintain and promote the expressions as a fundamental part of the culture and survival of indigenous peoples.

Therefore, the mechanism of protection could be different, *inter alia*, establishing IPR, *sui generis* systems, a public domain clause, the management of interest by governmental agencies. The right to include TK does not mention which kind of protection has to be granted, but the idea is that this protection be adequate for the indigenous TK.

The right to an effective remedy is also a fundamental autonomous right, which is necessary for the fulfillment of other rights, in order to claim violations. The effective remedies that could monitor the effectiveness of such protection of TK could be established through criminal, civil or administrative remedies.

The main problem concerning TK is that it is not sufficiently recognized in domestic legislation, and indigenous peoples in most of the cases do not have standing before the "existent local remedies" because collective rights do not apply, impeding the access to remedy for community rights.

In this context, international remedies are indispensable as the last forum to effectively make a legitimate right. The exhaustion rule should be covered, or qualified by some of the exceptions. For instance, in some countries where TK is not effectively protected at the domestic level, the community could challenge the effectiveness and adequacy of these remedies before the international HR system. In the second example where the country does not provide any remedy available for TK or collective rights for indigenous communities, indigenous communities could access the international HR system directly, claiming the protection of a right recognized at the international level. In this case, the violation would have to be linked with one of the conventional rights monitored by the HR body, for example, through a broader interpretation of the right to property, or the protection of material and moral interest of the authors, cultural rights, freedom of religion or expression.

The same right to access remedies at the domestic level has been covered in the international forum. The international system has to provide for an effective remedy to hear about claims of violations of rights recognized in international instruments. In this context, the international HR system is the only forum that provides this possibility in a more holistic approach to indigenous rights.

In the context of reparation, the HR system may recognize collective damages and therefore could provide collective measures for the communities. An example of integral reparations of damages granted for indigenous communities before the Inter-American system could be found in the *Plan Sanchez* case,[228] concerning the massacre of an indigenous community in Guatemala by the military police. The abuses presented included the destruction of housing and other methods of daily subsistence, and the displacement of the survivors. The court granted *individual monetary compensation* for the survivors and next of kin of the murdered victims and pointed out that the non-monetary forms of redress ordered would benefit all the members of the community.[229] Therefore, the court established that due to the victims losing their houses, the government had to implement a housing program, providing adequate housing

---

[228] I/A Court H.R., Case of the Plan de Sánchez Massacre v. Guatemala. Reparations (Art. 63.1 American Convention on Human Rights). Judgment of November 19, 2004(Only in Spanish). Series C No. 116

[229] *Id.* Para 62

for people who required it, according to the criteria established by the UN CESCR in *General Comment No. 4*.[230] Furthermore, the court required the implementation of an *integral development program*, including health, education, production and infrastructure.[231] The government also had to organize different programs in the region, including: a) teaching and diffusion of the Mayan culture; b) maintenance and improvement of the system of road communication; c) potable water and a sewer drainage system; training of more teachers for the affected communities, and e) building a health center with adequate personnel in order to provide medical and psychological assistance.[232]

This case is a good example of an integral reparation not only for individual damages, but also for damages to the community. It is important to consider that only through these integral measures is it possible to redress these kinds of violations that have a significant impact in all aspects of life of the community,[233] such as TK.

---

[230] *Id.* para. 105

[231] *Id.* para. 109

[232] *Id.* para 111.

[233] Tara J. Melish, *The Inter-American Court of Human Rights: Beyond Progressivity*, IN SOCIAL RIGHTS JURISPRUDENCE: EMERGING TRENDS IN COMPARATIVE AND INTERNATIONAL LAW. (Malcom Langford ed., 2007), at. 31.

III. Analysis of the International Remedies available for the Protection of TK.

A) Current International Mechanisms available for the protection of TK: NON HR bodies.

The current mechanisms available for the protection of TK, do not provide effective mechanisms of enforceability, nor do they provide an effective remedy for local indigenous communities.

Although these mechanisms contain the most requested TK provisions for the international community, they have a different approach to the context of TK; in some cases through environmental rights and in others through the protection of IP rights. For example: the *Rio Declaration on Environment and Development; the Convention on Biological Diversity; WTO-GATT Art. XX (f). the Durban Declaration. The World Bank Operational directive; the IADB; WIPO; FAO; CBD. (see Table 3)*.

Some of these mechanisms include relevant provisions for the protection of TK, however, none of these mechanisms provide *standing for indigenous* communities in order to enforce the protection provisions. Moreover, in general there are no clear provisions that recognize *collective indigenous rights* and others contain technical problems. Some examples include the following:

On one hand, the CBD does not contain adequate legal obligations to protect any property rights of indigenous peoples in their TK because first of all, it defined this protection as "subject to the national legislation" and referred to it "as far as possible appropriate" (see Table 3), which does not create any international legal obligation. Second, Article 8(j) calls for respect, maintenance, and protection, but does not consider any protection

171

nor guarantees any right in TK.[234] Finally, this Convention does not provide any standing for indigenous peoples.

On the other hand, WIPO is currently working on *Draft Provisions for the Protection of TCE/Expression of Folklore: Policy Objectives and core principles*. This provision recognizes the value of TK and the need for its protection through customary law, respect of HR and the promotion of defensive and positive protection of TK. Also, it recognizes as a *core principle* the creation of mechanisms of *enforceability*, including sanctions, remedies and exercise of the rights. In the commentaries of Article 8, it mentions that "communities have pointed out that the remedies available under current law may not be appropriate to deter infringing uses of indigenous copyright holder, or may not provide for damages equivalent to the degree of cultural and non-economic damage caused".[235] Therefore, these provisions provide important guidelines for the countries regarding the interrelation of IP in TK with a HR approach. However, this document would not be binding, nor would it provide any standing for indigenous communities.

One provision in GATT that has not been explored yet is Article XX (f), which recognizes a general exception regarding "the protection of *national treasures of artistic, historic or archeological value*". In some countries, many indigenous cultural expressions or TK are considered national treasures, and therefore an argument could be articulated in this regard (See table 3).

A current possibility of an international forum in this regard would be the *Inspection Panel of the World Bank*, which according to its *Operational*

---

[234] Jonh Mugabe, *suppra* note 13 at, 24.

[235] WIPO Draft Provisions *suppra* note 19, at 38.

Directive (Direction 4.10), provides a definition and interest in indigenous peoples. This forum provides a complaint system regarding the application of the Bank policies and their projects.[236]   Some experiences of cancellations of Bank projects affected indigenous communities by not using a holistic approach. Furthermore, there are no directives about TK, which would make it hard to link this with the general policies of the Bank.

Another interesting international approach is the Proposed Free Trade Agreements (PFTA) between Colombia, Peru and Panama, which include an "understanding" regarding biodiversity and traditional knowledge (Peru[237]-Colombia[238]) and a "side letter" on TK (Panama[239]) that states:

> "The Parties recognize the importance of traditional knowledge and biodiversity, as well as the potential contribution of traditional knowledge and biodiversity to cultural, economic, and social development.
>
> The Parties recognize the importance of the following: (1) obtaining informed consent from the appropriate authority prior to accessing genetic resources under the control of such authority; (2)

---

[236] University of Minnesota, *suppra* note 48.

[237] Final Text of the United States - Peru Trade Promotion, Signed April 12, 2006 available at:
http://www.ustr.gov/Trade_Agreements/Bilateral/Peru_TPA/Final_Texts/Section_Index.html

[238] United States - Colombia TPA Final Texts, signed on November 22, 2006. available at:
http://www.ustr.gov/Trade_Agreements/Bilateral/Colombia_FTA/Final_Text/Section_Index.html

[239] Proposed United States - Panama TPA, Letter on Traditional Knowledge, in the context of Chapter Fifteen (Intellectual Property Rights). *available at: http://www.ustr.gov/assets/Trade_Agreements/Bilateral/Panama_FTA/Draft_Text/asset_upload_file 752_10510.pdf*

equitably sharing the benefits arising from the use of traditional knowledge and genetic resources; and (3) promoting quality patent examination to ensure the conditions of patentability are satisfied".

These provisions represent an important step for the recognition of the need to protect TK in the trade arena. Nevertheless, these provisions do not recognize a right, but only recognize the importance of the issue, which does not provide pathways to real enforcement. What is positive about these understandings, however, is that these would have to be interpreted in intellectual property disputes, opening the door for future fairer trade negotiations.

In closing, the protection of the bodies analyzed above do not provide adequate standing for indigenous communities in order to enforce the recognized right of TK. Furthermore, the means established for the protection of TK are not effective because they were not created under the logic of indigenous peoples rights.

The following table presents an analysis of the remedies available in non-HR mechanisms. It is clear that hardly any of the instruments provide standing for indigenous peoples. Thus, they cannot be considered effective remedies. *(Table 3)*.

Table 3: Current International instruments for the protection of TK: Non HR bodies.

International HR Treaty Body	INSTRUMENTS	RIGHT PROTECTED	INDIGENOUS COLLECTIVE STANDING	EFFECTIVE INTERNATIONAL REMEDY	REPARATIONS FOR THE VICTIMS.
WIPO	*Draft Provisions for the Protection of TCE/EF*	- Prevent misappropriation of TK - Customary law as a way to protect TK.	No	No, because it does not provide complain system. - Principle Art. 8: Call for mechanism of	No. Only in domestic level.

		- Respect for HR - Promote defensive and positive protection of TK.		enforceability, including sanctions, remedies and exercise of the rights.	(Art. 8)
WTO	- *GATT, art. XX (f)* - *TRIPS Agreement (Art. 27(3))*	- Article XX. General exception. (f) "Protection of national treasures of artistic, historic or archeological value" - Members provide for protection of plant variety either by patents or by an effective *sui generis* system.	No	No for the right holders. Only between states.	No.
UNESCO	*Universal Declaration on cultural Diversity*	- Link cultural diversity to human dignity. Especial protection for indigenous groups.	No	No	.No.
FAO	*International Treaty on Plant Generic Resources for Foods and Agriculture*	- Promote conservation of wild crop relatives and wild plants for food production, supporting efforts of indigenous and local communities. (Art. 5(1)(d)).	No	No	No
UN Conference on environment and Development	*CBD* - *Rio*	- Call upon respect, preserve and maintain TK (Article 8(j), 10(c), 18.4) - Protection of customary use of	No	No. - Refer the protection to the "subject to national legislation" (Art. 8(j)). - No rights for	No.

	Declaration[240] - *Agenda 21.*	biological resources (Art. 10(c)) - Indig. has vital role in environment because their traditional practices (Principle 22) - Shared benefit for the utilization of their TK	No	indigenous on TK. - No recognition of collective rights. No	No
World Bank **- Inspection** **Panel.** *WB Group* **- Compliance** **Advisor** **Ombudsman.** **(IFC – MIGA)**	*Operational* *Directive* *(Direction 4.10)* *Safeguard* *Policies,* *guidelines and* *procedures, in* *investing* *(IFC) or projects* *(MIGA).*	- World Bank's definition of and interest in Indigenous Peoples. - Complaints from persons who are affected (or are likely to be affected) by the social and environmental impacts	Partial Groups or organizations	Partial - Mechanism to revert projects that could affect indigenous communities. - Public Recommendations to the President of the WB group.	Partial - The cancellation of the project and some compensatory measures. - No. (It could Prevent damages and recommend some remedies).
Bilateral **Free Trade** **Agreements**	*Trade Promotion* *Agreements* *Between* *US-Peru* *Colombia/*	The Parties recognize the importance of traditional knowledge and	No	No. Possibility of interpreted in the intellectual property	Partial, because is not a right.

[240] Rio Declaration *of Environment and Development; Convention on Biological Diversity* CPR, *suppra* note 16.

	Panama.	biodiversity (Understandings – Side letters).		disputes	

B) International HR Treaty bodies available for the protection of TK

The international human rights system, based on the treaty bodies, provides standing for indigenous peoples for violations of collective rights. Specifically, TK could be better protected through regional systems.

The Inter-American system has extensive jurisprudence recognizing collective property rights for indigenous communities and granting collective measures of reparations.[241] Article 25 of the American Convention recognizes the right to an effective remedy for violations not only of the rights recognized in the Conventions, but also in countries' constitutions. The African system is broader. In Article 7 of the ACHPR, includes a remedy for "rights recognized and guaranteed by conventions, laws, regulations and customs in force". This provision opens the possibility to claim for an effective remedy that protects indigenous rights, such as TK. The universal systems provided standing for indigenous communities before the UN Human Rights Committee, base on the ICCPR and protocols, which has been ratified by many nations.[242] These are effective mechanisms for indigenous communities in order to bring an international complaint regarding the protection of TK. However, how this organism would rule depends on the construction of the arguments.

On the other hand, the specific indigenous peoples' rights instruments are extremely important for the interpretation of other treaties.

---

[241] See note 50 and 12. Cfr. Discussion in Twelve Saramaka clans case.

[242] ICCPR has been ratified by more than 150 countries and its optional Protocol, which includes a petitions system has been ratify fore more that 100 countries. Ratification list available at: http://www.unhchr.ch/pdf/report.pdf

For instance, in the Inter-American Commission on HR, in the case of Mary Dann v. US, Convention 169 was used as well as the UN Draft Declaration and American Declaration on Indigenous Rights in order to interpret the American Convention with an indigenous rights' approach.[243] The recently adoption of the UN Declaration is a very relevant statement for consensus regarding indigenous rights as well as an important guideline as soft law.

The following table presents an analysis of the remedies available in the HR mechanism (treaty bodies): universal and regional system. It demonstrates that in almost all of them, indigenous communities could find an effective remedy for the protection of TK. However, not all of them provide a reparation system. *(Table 4)*

Table 4: International HR Remedies for the protection of TK.

International HR Treaty Body	INSTRUMENTS	RIGHT PROTECTED	INDIGENOUS COLLECTIVE STANDING	EFFECTIVE INTERNATIONAL REMEDY	REPARATIONS
ILO	*Convention No. 169*	- Cultural rights - Collective rights	No. (Art. 26-34 ILO)	No. Recommendations (Art. 33 ILO).	No. Recom.
I/A Court on HR	*- ACHR* *- Protocol of San Salvador.* *(ESCR)*	Rights to private property (Art. 21) Progressing on ESCR (Art. 26). Right to protect moral	Yes	Yes Article 25 effective remedy for rights recognize in the convention or constitutions. Judicial Decision (jurisprudence) Biding	Yes Collective reparations for indigenous communities.[244] Article (63.1)

---

[243] Mary and Carrie, Dann v. United States, Case 11.140, Inter/Am. C. H. R., Report No. 75/02, OEA/Ser.L/V/II.117, Doc. 1 rev. 1 (2003).

[244] See note 50.

		and material interest of the authors. (Art. 14)			
I/A Commission on HR	*- ACHR* *- ADRDM* *- Protocol of San Salvador.* *(ESCR)*	Id. Benefit of the culture. (Article XIII of the American Declaration) - Eventually, American Declaration on Indigenous Rights.	Yes	Yes. Id. Recommendation (Non binding)	Yes. But Recommendations.
African system. Court and Commission.	*African Charter* ... *(ACHPR)*	- Right to Private Property (Art. 14) - Right to self determination (Art. 20) - Collective rights (Art. 21)	Yes	Yes - Protecting right recognize in the Charter, as well constitution, laws and customary law. - Judicial Decisions (bindings) / Commission: Recommendations.	Yes.
European Court of Human Rights	*European Convention*	- Right to Private Property	No	Partial - Only for violations of the rights recognize in the convention. - Judicial decision (Bindings)	Yes
European Committee of Social Rights. (European Council)	*European Social Charter* *(Protocol 1995)*	- No right related	Yes. (Art. 8)	Partial. Reporting Procedure. Recommendations (Art. 21)	Partial. Some recom. (No monetary compensation)
UN Commission on HR	*ICCPR*	Right for minorities to practice in the culture (Art. 27).	Yes	Yes. Article 5(4) of the Protocol. (individual Petitions). Resolutions. (Cuasi-	Yes. Recommendations.

		General Comment 23. (Interpretation of the UN Declaration on Indigenous).		jurisdictional)	
UN Committee on ESCR	*ICESCR*	- Protection the material and moral interest. (Art. 15). - Protection of TK. *General Comment 17.*	No. - NGO's have consultant status.	Non standing for victims. System of Resolutions and Interpretation. Country Reports. (Eventually optional Protocol).	No.
UN Organs. - Working Group (WG) on Indig Peop. - Permanent Forum - WG on the Draft Declaration - Special Rapporteur on indig people.	*UN Declaration Indigenous Rights.* *(Art. 42)*	Indigenous peoples human rights. The rights in the UN Declaration on indigenous rights.	No direct	Partial - To promote the application and efficacy of the UN Declaration. The different organism do: - Studies - Annual Reports - Experts' advices in indigenous issues. - Meetings - Guidelines and recommendations.	No

IV. Implications of the lack of protection: A critique under the light of the International HR system.

The lack of effective domestic remedies has impeded the ability of local communities to complain about abuses of their TK. The same has occurred at the international level, where no cases that specifically deal with TK have been presented.

For a long time, indigenous peoples have seen their TK affected, mainly due to misappropriation or because of the lack of measures to maintain and promote it. In general, indigenous peoples have been marginalized from obtaining legal protection. Lately, however, due to the increase in international trade, bio-piracy cases around the world have been presented, as well as misappropriation cases, especially due to increments of IPR system. In some of these cases, indigenous communities have suffered serious damages to their economic, social and cultural rights without receiving an integral redress. In many other cases, no compensation for their stolen product has been granted.

For example in the *Ayahusca case*, where an American citizen, Loren Miller, obtained a US plant patent from the shamans indigenous community in the Amazon, the community was not able to effectively claim their TK rights, and therefore the USPTO[245] granted the patent to the patentee.[246]

In the *Hoodia Cactus case*, the San in southern Africa, who use this plant to stave off hunger and thirst on long hunting trips, were faced with losing the right to the TK of this plant by the patenting of Hoodia by Pfizer. At the end, the dispute was resolved with an understanding granting the share of a small percentage of the future royalties.[247]

In both cases, the IPR mechanisms were challenged without success.[248] The local indigenous communities could feel that their rights were neither respected nor redressed. In these cases, it is vital that there is

---

[245] United State Trade Patent and Trademark Office, which is an Agency of The United States Department of Commerce.

[246] CIPR, Integrating Intellectual Property Rights and Development Policy, at 74-8.

[247] *Id.*

[248] *Id.*

an effective international system that could address the problem under an indigenous rights-based approach and therefore grant a fair and integral redress for the communities. As was concluded in *Section II A*, so far the regional HR system is the only adequate international forum to bring forth these kinds of cases. For instance, even in the case of patents granted in the US, these cases could be submitted before the Inter-American Commission based on the American Declaration on the Rights and Duties of Man, such as the Dann v. US case.[249]   Therefore, the HR system provides a remedy for TK.

Conclusions and Recommendations.

The current international HR system could effectively protect TK, rather than the IP or environmental system for four main reasons: i) it recognizes collective indigenous peoples' rights; ii) it calls upon domestic protection and effective domestic remedy; iii) it is the only international mechanism that grants standing for indigenous communities, and iv) the integral reparation system assesses the damages and the reparation measures with a holistic approach that included indigenous rights that could benefit the community as a whole.

---

[249] Mary and Carrie, Dann v. United States, Case 11.140, Inter/Am. C. H. R., Report No. 75/02, OEA/Ser.L/V/II.117, Doc. 1 rev. 1 (2003). (*addressing whether the administrative procedure of the US Indian Claim Commission (ICC), which extinguished the indigenous ancestral rights over their territories, violated the right to property, fair trial and equal protection under the American Declaration*)

The HR system must start to seriously address issues such as IPR and TK, that were previously considered a part of other arenas, such as IP or the environment. That means that the HR system has to be prepared to receive indigenous complaints for violations of the protection of TK, and to start to expand its analysis, approach and scope, through mechanisms such as *General Comments, Advisory Opinion and Recommendations.*

Civil society has to become aware of the current lack of effectiveness of the IPR system for protecting TK, and must begin to shift their concerns to the HR system. This could pressure international organizations such as the WTO to adapt its standards in a more holistic and humane way.

In order to perfect the enforceability of the right to protect TK, it would be relevant to recognize traditional knowledge in a binding treaty, such as a convention or protocol that would be monitored by a treaty body. This would open the possibility for claiming protection of TK rights in a direct way and would increase the focus on the need for more domestic measures of protection and implementation. Meanwhile, TK could be protected through the right to property (civil right) mechanism as well as the right to benefit from the moral and material interest of the author (ESCR), depending on the nature of the manifestation of the TK.

The implementation of the recently adopted *UN Declaration on the Rights of Indigenous Peoples* by the UN General Assembly, as well as the Proposed American Declaration, will provide a good tool for the interpretation of TK rights by the existent systems,[250] such as the UN HR Committee and the I/A Commission on HR respectively.

---

[250] See, Dann v. US case, *suppra* note 108 (*ruling that when examining the claims of indigenous peoples, the American Declaration should be interpreted and applied broadly with due regard to other principles of international human rights law that governs the individual and collective interest of indigenous peoples. In accordance with the purpose of the Declaration, it must safeguard the integrity, livelihood and culture of indigenous peoples through the effective protection of their individual and collective human rights*).

Finally, the IPR system faces the significant challenge of including in its existing initiatives (WIPO, Doha, UNCAT, FAO), an indigenous peoples HR approach that allows for the protection of TK in the IP system.[251]

TK is an indigenous peoples' right that must be protected, maintained and promoted.

> *"Knowledge was inherent in all things. The world was a library..."*

Chief Luther Standing Bear

Oglala Sioux.

(see paras. 128, 129, 130, 131).

[251] Daniel Gervais, *Traditional Knowledge & Intellectual Property: A TRIPS Compatible Approach*. Mich. L. Rev. – (2005), *(Proposing a Declaration on TK and Trade for the WTO)*.

Capítulo 5.-Pilares de la Descolonización boliviana según su Constitución Política del Estado

Antonio Delgado García[252]

(Bolivia)

I.-Introducción a la Bolivia contemporánea

Bolivia posee una población de diez millones de habitantes en una superficie aproximada al Sureste Mexicano, obivamente con una orografía marcada por los Andes, y con una densidad de población bajísima en relación a países como México. En ella conviven diversas poblaciones radicalmente distintas, entre sectores indígenas de la zona norte-oriental que ha sido la más reivindicativa, de culturas quechuas y aymaras, y en menor medida las del sur de tipo guaraníes, distribuidas mayoritariamente en zonas rurales, entre medias hay sectores de población criolla que se encuentran en las principales ciudades, no solo en las dos capitales de La Paz y de Sucre, sino también en la región de Santa Cruz de la Chiquitania que pasa por ser la zona más rica, y por consiguiente de acción política diferente en sus objetivos al resto del país.

Conviven 32 lenguas de pueblos indígenas, e incluso se sabe de pueblos no contactados hoy día en la Amazonía, lo que hace reflexionar sobre los mecanismos de convivencia que han generado incluso de forma institucional un Departamento Ministerial de Pueblos no contactados.

[252] Egresado de la Maestría de Estudios de América Latina de la Universidad Complutense de Madrid, actualmente es Investigador categorizado en el PRONII del CONACYT, Paraguay, con identificador ORCID 0000-0001-6343-2853. antondelgar@hotmail.com

En 1825, momentos de la independencia, solo hubo un trasvaso de poder de la hegemonía española a la de los criollos (de perpetuar esas formas de poder colonial), quedando solo dos categorías de ser seres humanos, bolivianos e indios. Las formas de poder colonial, dieron paso a las formas de poder republicano, y más tarde neoliberal; será a partir de la Revolución Nacional de 1952 en que surjan nuevas visiones de lo que es ser boliviano, momentos después se promulgaría la *Constitución* de 1967.

Desde la década de los 70, se buscó la unidad del movimiento campesino, comienzan los pueblos indígenas de la región a reflexionar sobre los destinos de los pueblos originarios y su papel protagonista en su propio país; algo que irá fraguando hacia el término de *indígena originario campesino*.

Bolivia es un contexto social y cultural de gran desigualdad económica, política, social, donde históricamente han surgido reivindicaciones diversas tanto coloniales como postcoloniales que llegan hasta hoy día. Desde acciones colectivas en zonas periféricas de las grandes ciudades, hasta movimientos sociales que surgiendo en las zonas rurales e indígenas han ido extendiéndose en la geografía andina unas veces motivadas por móviles mineros otras campesinas como fuera en la revolución de la década de los años 50 y 70, y las posteriores reivindicaciones que han ido fraguándose en movimientos indígenas políticos.

Por sus propias características socioculturales es la nación latinoamericana más indicada para iniciar ese cambio de paradigma socio-cultural de aceptación de su realidad indígena, y rebelarse ante el colonialismo interno que no solo ejercen las potencias extranjeras sino desde dentro mismo de esas regiones toda la cultura y tradición urbana que desciende de los criollos.

Se trata de romper con la herida colonial y la brecha histórica que generaron el encuentro de dos culturas y la dominación de varios siglos. Conviven dos civilizaciones: la occidental que es individualista y materialista, centrada en acumular capital; y la civilización tradicional que es más colectiva, cercana a las diversas gentes y más humana, que basa su horizonte en reglas naturales del *Vivir Bien*.

Esa reacción de protesta anticolonial es la confluencia de dos ciclos históricos actuales según el pensamiento aymara contemporáneo: uno corto de veinte años con la merma de reducción del Estado de Bienestar (años 50 al 70), otro ciclo largo: de protesta contra el dominio y el poder de cariz colonial (de la Conquista a la Independencia e incluso hasta hoy). El llamado movimiento de *Pachacukti*, moverse de acuerdo a las leyes de la naturaleza, es lo que anima al pueblo boliviano (andino), en la búsqueda de su autonomía y libre acción comunitaria.

Se persigue no solo una ruptura con el Estado dominado por una minoría elitista y criolla, de poder *colonial*, para llegar a lo que hoy día es toda la República de Bolivia como reflejo de una multitud de Naciones que la integran, conformándose en un Estado Plurinacional; sino también con todas las formas coloniales del pasado que impregnan la sociedad en el mismo idioma, religión, costumbres, formas occidentales de pensar (materialistas y de consumo), etc.

En 1990 surge un movimiento social, de mayoría indígena campesina, con el lema de "territorio y dignidad" que se materializa en la *Marcha por la Vida y el Territorio*, seguida años después por la Guerra por el Agua en Cochabamba, o los levantamientos aymaras en el altiplano en el 2000. Se inician así un cambio de identidad y de ideología al hacer que la población indígena se conciencie de su papel activo, y de poder votar a favor de sus propios líderes indígenas y obreros o campesinos y no solo a los típicos funcionarios de la política. Se erigen líderes indígenas, previamente existentes en sus comunidades, que saltan al escenario de la política nacional.

Es en ese contexto donde surge el líder cocalero Juan Evo Morales Ayma, presidente del partido *Movimiento Al Socialismo* (MAS), reelegido dos veces en su mando presidencial del país, al que accedió en enero de 2006. Desde 2007 surge una nueva Generación de la Constituyente, hacer una Bolivia no única sino plural de las 32 etnias existentes, para ello se necesita fundamentarla en un texto legal que sirva de Norma Fundamental del Estado, de una *Constitución Política del Estado* (CPE), en la cual organizarse como Nación conjunto de Naciones y desarrollarse en base a un proyecto nacional común.

II.-Contextualización sociopolítica a la Bolivia postcolonial:

Al analizar cómo se produce esa interpelación a las diferentes y complejas realidades sociales de Bolivia, sus diferentes nacionalidades, a través del trato que se da en la reciente Norma Fundamental, no solo a los principales núcleos étnicos, quechuas, aymaras y guaraníes, sino hacia los otros de las 32 familias étnicas bolivianas, que configuran una sociedad heterogénea a las que el Legislador ha reunido en un mismo proyecto nacional. De esta manera, se puede observar que han confluido de manera armoniosa los programas políticos del MAS, las reivindicaciones indígenas, junto a un discurso *postcolonial*, de destrucción de formas coloniales de la modernidad, de corte Postcolonial contemporáneo.

Al ser el poder legislativo un poder político derivado y motivado por proyectos e idearios políticos que puedan ser diferentes, hay que buscar en el mismo proyecto político, tanto de campaña como de gobierno, del MAS los axiomas que más tarde desde la posición legislativa ha plasmado en las Normas y Leyes posteriores a la CPE, y de su peso específico en la misma CPE. Debido a que estos programas han sido diseñados e implementados por líderes indígenas, fuertemente intelectualizados, se ha sabido cargar los discursos de formas de pensamiento precolombino, sobre todo quechua, aymara y guaraní, que han aportado sus respectivas cosmovisiones añadiendo vías alternativas a la estructura de corte típicamente occidental, a través de las fórmulas del *Vivir Bien*.

III.-El peso político del MAS en la implementación posterior de la CPE:

El MAS fue fruto de la *Asamblea por la Soberanía de los Pueblos* (ASP), que más tarde cambiaría su nombre al de *Movimiento Al Socialismo* (MAS). Tanto en su origen, como en su desenvolvimiento posterior, se nutrió de sindicatos campesinos (representantes cocaleros y lideres indígenas) que crearon en estas formas su instrumentos político de representación parlamentaria para acceder al poder mediante la lucha política.

Una vez que el MAS llegó al poder, en las elecciones de diciembre de 2005, pudo formular desde la Vicepresidencia el inicio del debate y la movilización necesaria para elaboración de la reforma constitucional, de elaborar un texto que diera cabida a todas las voces representativas de las diferentes nacionalidades integrantes. Estas al comenzar a verse atendidas y representadas por las instancias oficiales, incluidas en un proyecto de Estado, les cambió su mentalidad hacia las instituciones oficiales del Estado, a la que a partir de ese momento llamarían la *Casa del Pueblo*.

Hay otros actores que intervienen además del MAS, éste en su programa político bebe de las reclamaciones históricas indígena originario campesinos, agudizadas en la década de los 90 (guerra del agua, movimiento por la vida y el territorio), y las absorbe de la *Coordinadora para la Defensa de la Vida y el Agua* (organización sindical urbana y rural, anti-privatización de recursos naturales). Esta *Coordinadora "fue responsable de articular esos tres componentes que han configurado el programa político de toda esta época: restitución del carácter público de servicios como el agua, nacionalización de recursos naturales, y Asamblea Constituyente"* (Tapia: 2010: 141).

La CPE ha sido fruto de interpretar la anterior *Constitución* a la luz de la compleja y variada realidad socio-histórica de Bolivia, reflexionada en un contexto de actualidad y de respuesta a las demandas de la sociedad. Es fruto de una colaboración entre la Asamblea Constituyente, las respectivas nacionalidades bolivianas, y diversos colectivos de pensamiento político como la *Fundación Boliviana para la Democracia Multipartidaria* (fBDM), entre otras, que recogen esa reflexión profunda hacia otra forma de Democracia, con reglas que la debería seguir para la mayor representatividad, el Pueblo y las Normas que les ligan entre sí. En cuanto al Estado reformula las competencias y coordinaciones de los tres poderes de la vida política por medio de Normas adecuadas a la interculturalidad. En relación a la sociedad pluriétnica y plurinacional recoge sus demandas en cuanto a organización y participación.

Durante el proceso constituyente, desde las más altas instancias oficiales, Vicepresidencia controlada por el MAS, se creó un "espacio de diálogo plural", la contribución de la Coordinadora y de la fBDM fue importante para comprender el rumbo posterior del texto. En la agenda social del Estado, que desarrolla la agenda política del MAS, se ven reflejados los cuatro pilares que dirigieron ese diálogo plural en torno a: *Descolonización, Estado Plurinacional, Economía Plural, Socialismo Comunitario.* Recogiendo en gran medida los postulados del Postcolonialismo en torno a formas de colonialismo interno y de las relaciones estructurales de poder/modernidad heredadas de viejas formas de poder colonial todavía patentes en Bolivia.

Ante la problemática de los temas tratados, y su profunda repercusión nacional, se acordó un *Pacto de Unidad*, reivindicado por la misma Asamblea Constituyente para, teniendo siempre como horizonte la construcción nacional de país, no tender al separatismo ni a segregaciones tanto territoriales como poblacionales. El *Pacto de Unidad*, creado por las ocho grandes organizaciones campesino-indígenas, es el escenario donde se contienen a modo de esbozo político el diseño constitucional. Será el MAS el protagonista de activar este principio, de implementar lo diseñado, de canalizar esas fuerzas hacia la configuración formal en la CPE y el Estado Plurinacional.

En ese *Pacto de Unidad* se concibe al Estado Plurinacional (nunca sin perder de vista el componente humano sujeto de las acciones) como "un modelo de organización política para la descolonización de nuestras naciones y pueblos, reafirmando, recuperando y fortaleciendo nuestra autonomía territorial" (citado en Tapia: 2010: 144). Como descolonizar la sociedad y sus instituciones, y sobre todo las restricciones que subordinaban a los sujetos bajo formas de poder colonial, el "descentrar, reducir o eliminar el privilegio que tenía el conjunto de relaciones e instituciones que deviene de la cultura colonizadora(Ibid.). Es decir, romper los lazos de esclavitud informal que ataba a las nacionalidades más débiles en relaciones de poder/dominación, exclusión/explotación, sobreponiéndolas ahora a los valores de igualdad, inclusión social oficial, reciprocidad o complementariedad, de solidaridad entre todos los sujetos iguales ante la Ley.

Junto a estas posturas de *giro decolonial*, por parte de intelectuales tanto en la sociedad como en los partidos políticos, se aúnan los procesos de reivindicación indígenas que se inician con esa "articulación de las asambleas indígenas en las tierras bajas y por una articulación del desarrollo sindicalismo autónomo campesino en las tierras altas" (Tapia: 2010: 141).

Donde se recogen las diversas cosmovisiones amerindias de los pueblos originarios, que legitiman el cambio institucional a través de reivindicar sus propias tradiciones culturales, que conllevan sus propias organizaciones comunales y sistemas de representatividad, a través de las fórmulas del *Vivir Bien*, de una vida comunitaria donde se engloba y recoge a todos como hace la *Pachamama* con todas las criaturas, destacando dos grandes tradiciones la aymara del *Sumak Kawsay* desde los Andes y el Altiplano, y la guaraní del *Ñande Reko* en regiones chaqueñas y del altiplano.

Para la elaboración de las mesas comunales donde empezar a redactar propuestas, a modo de enmiendas al borrador o hilo director de la *Constitución*, para su posterior debate e incorporación al texto en sí, se tuvo en cuenta los siguientes factores que son ilustrativos de las demandas por parte de los sujetos que inician esa reivindicación de mayor participación en la vida política de su país:

- la pertinencia política de la temática-demanda para la noción de política de Estado.
- la pluralidad de los participantes, representativos de las nacionalidades.
- la metodología participativa, abierta y discursiva.
- la sistematización del debate, recogiendo las demandas plurales en torno a un tema.
- el mayor alcance geográfico, desde los Andes, el Altiplano y el Chaco.
- la difusión y socialización de los resultados de las mesas.

La *Generación de la Constituyente*, que engloba a la conformación de las mesas comunitarias constituyentes o Asambleas, como un camino hacia la unidad diversa y compleja de los pueblos bolivianos, y de la aparente mayor representatividad de las minorías (que luego puede ser discutido a posteriori del proceso), el esfuerzo social por llevar a cabo el proyecto (frente a disidentes de las regiones de Santa Cruz), etc. pudo a pesar de todo, llega a una CPE que plantea una construcción colectiva del país, de una participación e inclusión social activas de todas las etnias, comunidades y naciones bolivianas. Para poder aprovechar toda esa riqueza y diversidad socio-cultural integrándola en un mismo proyecto nacional común y vinculante para todos. Se logra pensar de otra manera alternativa el orden y la estructura estatal hegemónica de una Nación un Estado (y toda esa idea caduca de la consumación del progreso de la historia en el Estado-Nación modernos, etc.), que no es sino una herencia de raigambre colonial fruto de la modernidad. El recorrido final de la Constituyente es refundar el país transformándolo en un Estado que recoge todas las diversas demandas y reivindicaciones de una sociedad plural y heterogénea, que de manera colectiva propone la construcción de un Estado Plurinacional como respuesta socio-histórica a las diversas acciones colectivas y movimientos sociales e indígenas de Bolivia.

Hay un giro fundamental en la lucha política, de canalizar las formas de acción colectivas y movimientos sociales, hacia formas democráticas de crear un Estado colectivo y social de todos los pueblos constitutivos, internos, y de las modernas relaciones exteriores con los pueblos vecinos que consideran hermanos separados por la herida o brecha colonial.

Según Vega Camacho, siguiendo a René Zavaleta, es la hora en que las histórica reivindicaciones de los "nacional-popular" (las luchas históricas, los movimientos sociales, las tradiciones nacionales), han aspirado y conseguido lo que antes se les negaba, la participación plena en el Estado, se aúnan y consuman aquí y ahora en los conseguido teóricamente en la CPE:

"*...provenimos de un proceso de luchas en que el Estado se constituye en una aspiración de la colectividad; lo digo a partir de una posible interpelación del por qué los* *movimientos sociales e indígenas de una posición anti-estatal devienen en proponentes de un proyecto de Estado. Es decir, aquel paso de pensar, imaginar y proponer una estatalizad que posibilite condiciones de vida y reproducción de lo viviente, el vivir bien de los pueblos, los ciudadanos, las comunidades"* (Vega Camacho: 2010: 113).

Para entender qué es un Estado Plurinacional (que viene históricamente dado como la culminación de un proceso), hay que indagar en cuál es su fundamento último, en la constitución de sus sujetos, no tanto individuales sino en colectividad.

Los sujetos unidos en comunidad, en sus respectivas nacionalidades, son el principio constitutivo que va a definir esa forma de Estado Plurinacional en la que se reúnen y organizan. Esos procesos de cómo se constituyen los sujetos individuales en comunidad colectiva, y de cómo articulan las relaciones intersubjetivas e intracomunitarias, es lo que se definirá en el tipo de institución oficial que las reúne, representa y articula, una de cuyas formas más elevadas en jerarquía es el Estado, basado en los fundamentos de su *Constitución*.

Si se respeta la forma de articularse e integrarse de todas esas múltiples comunidades nacionales, en la confluencia de una única institución oficial general que las reúne, respetando el principio constitutivo de cada una de ellas, su identidad, vienen a formarse y reunirse en el Estado Plurinacional.

El pensamiento subyacente en lo Plurinacional es la atención prestada y mayor protagonismo en igualdad de condiciones, a lo colectivo, comunitario, lo social en el sentido pleno, no solo a los sujetos individuales, sino a todos y cada uno de ellos como sujetos iguales en derecho. En los Estados republicanos, liberales, y neoliberales, la estructura básica del Estado se fundamentaba en la concepción de sujetos individuales, o en considerar a ciertos colectivos en detrimento de otros (la evolución del

194

sufragio histórico ejemplifica este fenómeno), eran sociedades de corte individualista y de manera externa materialistas, de corte occidental. En cambio, con el "giro pragmático político", la mirada recae en lo colectivo, en las naciones y pueblos originarios, predominantemente campesinos, creando sociedades colectivistas, comunitarias en todas las formas de organización y desarrollo nacionales. Los sujetos ahora son nombrados en función de sus respectivas nacionalidades, se les tiene en cuenta, pero en función de su colectivo al cual pertenecen.

IV.-Cómo se nombran a las diferentes nacionalidades bolivianas desde la CPE:

Una vez que se ha creado el texto de la CPE, como Dogma político del Estado, surge la necesidad de su Interpretación para llevarlo a la práctica en la sociedad donde se aplica.

La verdad es que asombra la simplicidad reduccionista a la que se llega, pues pese a todo el complejo discurso político derivado de las luchas por acceder al poder político, la fórmula conseguida es tan simple como llamar, considerar, o interpelar a las diferentes nacionalidades bolivianas bajo la fórmula de *poblaciones indígena originario campesinos*. Sin embargo bajo esa denominación se esconden 500 años de lucha. Sin distinción por género, se hablará seguidas veces de fórmulas mixtas para incluir a tod@s l@s bolivian@s.

Referencias en el Título Preliminar: en el Artículo 1, Bolivia es definida primeramente como un "Estado Unitario Social de Derecho Plurinacional Comunitario", lo importante es la conjunción formal de Estado Unitario, una sola entidad geopolítica definida, pero, no en sentido clásico, sino Plurinacional Comunitario, es decir, reunión de varias naciones dentro de una comunidad común que las engloba como una supranacionalidad que otorga a todos los individuos un denominador común, seer boliviano, independientemente de sus respectivas nacionalidades de origen, que se desarrollan posteriormente. Consecuentemente ya en el Art. 2, se reivindica la existencia, preexistencia histórica, de las nacionalidades reunión de individuos, "dada la existencia precolonial de las naciones y pueblos indígena originario campesinos y su dominio ancestral sobre sus territorios...", y es aquí por primera donde se les nombra como *pueblos indígenas originarios campesinos*, fórmula que se repetirá a lo largo de todo el texto fundamental par referirse a todas las respectivas nacionalidades histórico-culturales que se reúnen bajo la forma de Bolivia.

En el Art. 3, se repite, para especificar de manera más clara y localizada la agrupación de individuos y comunidades bajo la forma unitaria de Bolivia: *"la nación boliviana está conformada por la totalidad de las bolivianas y los bolivianos, las naciones y pueblos indígena originario campesinos, y las comunidades interculturales y afrobolivianas que en conjunto constituyen el pueblo boliviano".*

Estas fórmulas, un tanto genéricas, pero incluyentes de manera absoluta de todos los individuos que conforman la nación boliviana, nótese que se sigue llamando nación (pero sin perder de vista el horizonte plurinacional), igualmente se suele usar la forma de pueblos, nacionalidades, comunidades, etc. Hay una profusión de términos que se usan más que otros: *plurinacional* 65 veces, *pueblo* 65 veces, *comunidad* 15 veces, *nacionalidad* 7 veces, y la fórmula de inclusión total como es la de *pueblo indígena originario campesino* unas 60 veces.

Análisis del Capítulo Cuarto, *Derechos de las Naciones y Pueblos Indígena Originario Campesino*. Artículos 30 al 32. Esta es una extensión a los derechos políticos de los bolivianos, tratados en la sección II, Arts. 26-29, donde boliviano es todo individuo arriba citado, pero llama la atención como incluso si todo boliviano es todo sujeto de derecho nacido o habido entre bolivianos (o radicado, naturalizado, etc.), se hace necesario desarrollar más ese principio de inclusión social a los pueblos indígena originario campesino. A partir de aquí se explica y desarrolla de manera más concisa qué es y qué se entiende por nación y pueblos indígena originario campesino:

"Es nación y pueblo indígena originario campesino toda la colectividad humana que comparta identidad cultural, idioma, tradición histórica, instituciones, territorialidad y cosmovisión, cuya existencia es anterior a la invasión colonial española."

Una afirmación que parece más de carácter universalista de *toda la colectividad humana*, que solo nacional como podría esperarse (circunscribirse al territorio nacional, p.e.); aspirando de manera silenciosa pero visible a ser un principio extensible a esas mismas comunidades indígenas transnacionales, divididas e fronteras modernas pero que comparten la misma familia y tronco común, p.e. los guaraníes que van desde las Dptos. De Misiones, tanto argentinos como paraguayos, al Paraná brasileño, o regiones de la chiquitania boliviana. A esta afirmación, le sigue la inclusión, y de manera muy especial ya que se les nombra y tiene en cuenta dándoles su lugar y pertenencia inclusiva al proyecto político de Estado, al *pueblo afroboliviano*, Art. 32., considerado de igual manera que los indígenas, con mismos derechos y deberes; respondiendo a una corriente interamericana de reconocimiento de los pueblos afrodescendientes.

Posteriormente se enumeran y analizan hasta 18 tipos de derechos, especiales que hasta ahora no se les contemplaba (he ahí lo conseguido por los movimientos sociales indígenas en estas décadas de lucha por acceder y conseguir el poder y el reconocimiento). Como son, entre los más importantes, sus derechos de reconocimiento de tradiciones jurídicas, secciones 14-18: *"Al ejercicio de sus sistemas políticos, jurídicos y económicos acorde a su cosmovisión. / A ser consultados… a través de sus instituciones… a la consulta previa obligatoria realizada por el Estado. / A la participación en los beneficios de la explotación de los recursos naturales en sus territorios. / A la gestión territorial indígena autónoma… / A la participación en los órganos e instituciones del Estado // ".*

Se les reconocen tanto derechos humanos de primera (fundamentales) como de segunda generación (políticos, económicos y culturales), para estos defendiendo y protegiendo sus respectivas culturas, incluidas en el llamado Ministerio de Culturas, que engloba a todas las manifestaciones y tradiciones culturales del país, oficializando sus lenguas, traduciendo los textos legales a ellas con el principio de publicidad universal, siempre sobre la base de la interculturalidad como eje ordenador y unificador de tanta diversidad cultural como se da en los contrastes y giros culturales que van desde el Altiplano, la Amazonía (donde hay los pueblos no contactados), y el Chaco.

Esta consumación gradual de derechos político-sociales, lleva a las formas de participación en la vida política, a ejercer la llamada ciudadanía en el Art. 144: "son ciudadanas y ciudadanos todas las bolivianas y todos los bolivianos, y ejercerán su ciudadanía a partir de los 18 años de edad, cualesquiera sean sus niveles de instrucción, ocupación o renta." Con esto se de un trato a todos por igual, a la hora de elegir y poder ser elegidos como miembros políticos de su comunidad, y de su nación.

V.-Conclusiones finales al proceso constituyente y su producto político-legal:

Son diferentes los logros que se han conseguido en materia de reconocimiento de derechos humanos, de primera y segunda generación, todos están encadenados y se relacionan y retroalimentan recíprocamente, ya que al fin y al cabo son todos los individuos partes integrantes de la misma sociedad nacional plural.

El Legislador interpela a los sujetos miembros del proyecto nacional de país, identificándolos como usuarios titulares de derechos, antes negados en la otra forma estatal de discriminación colonial, arguyendo desde postulados *decoloniales* que históricamente se habían venido discriminando a las comunidades y naciones subordinándolas hacia otras más fuertes que las mantenían sujetas por formas de colonialismo interno dentro de su mismo país. *"El llamado a la descolonización es, fundamentalmente, a superar las formas de producir desigualdad, discriminación y explotación en todos los ámbitos de la sociedad como los pueblos y culturas, las mujeres, los niños o niñas y ancianos, como sujeto productivos, como subjetividades productivas"* (Vega Camacho: 2010: 111). Ahora en cambio se les nombra como subjetividades capaces de derecho, como sujetos de los derechos que la misma CPE promulga para todos y cada uno de los bolivianos, independientemente de sus nacionalidades.

El cómo se trata a esos grupos sociales, otrora desfavorecidos, cómo se les nombra y se les da una unidad de fondo, se ve reflejado primeramente de forma deductiva, de los más general (el Estado) a lo más particular (los Nacionales) en los Artículos 1-2-3, pero tratado de forma directa y dedicación exclusiva a los sujetos históricamente marginados, en los Arts. 30-31-32.

Los diferentes grupos y naciones en la reciente *Constitución*, son interpelados y reunidos bajo el término de *pueblos indígena originario campesino*, aludiendo principalmente al componente mayoritario de población indígena boliviana de las 32 etnias reconocidas, a las que en teoría se les da un trato y grado equitativos. A las que se ha reconocido sus respectivas lenguas, usos y costumbres, instituciones jurídicas, y de manera más importante (para posibles conflictos de competencia posterior como el reciente del TIPNIS) la posesión comunal de tierras y recursos naturales.

Se ha logrado reunir a los diferentes pueblos en un denominado proyecto nacional de descolonización, a las diferentes nacionalidades bolivianas, que el Legislador interpele, protege y alienta a través de normas tan fundamentales como la *Constitución*, y otras leyes relativas como la *Ley contra el Racismo y toda forma de discriminación*, o en políticas institucionales de reivindicar circunstancias de su pasado como la reivindicación de su derecho y salida al Océano Pacífico, su Ministerio de Culturas, etc.

En textos legales posteriores, p.e. *Ley contra el Racismo y toda forma de discriminación*, se prohíbe el uso de formas despectivas de herencia colonial, para tratar o nombrar, o incluso discriminar en función de su origen, a los miembros de las diferentes nacionalidades, prohibición de llamar de manera despectiva "indios" a los indígenas originario campesino, que es su nombre genérico en función de su respectiva y legitima nacionalidad.

Esa convergencia ideológica entre la reivindicación indigenista y la corriente postcolonial, en Bolivia como ejemplo logrado latinoamericano de las tendencias indigenistas articuladas en discursos que confluyen con ideales poscoloniales de deconstrucción colonial; se ha producido desde los primeros momentos de organizarse las Asambleas constituyentes donde participaban de manera conjunta representantes de todos los colectivos, nacionalidades, etc. en las diversas regiones siendo un movimiento netamente nacional que generó la llamada *Generación de la Constituyente* cuyo máximo legado es el peso de las *comunidades indígenas originarias campesinas* en la *Constitución Política del Estado*.

REFERENCIAS BIBLIOGRÁFICAS:

CÁRDENAS, F. (2012): "La descolonización continental es un imperativo histórico". Nota de prensa. Viceministerio de Descolonización, La Paz 19 de mayo de 2011. Consultado 12 octubre 2012. Disponible en: http://www.minculturas.gob.bo/mdcb/index.php?option=com_content&task=view&id=1606&Itemid=1

-COMISIÓN DE DERECHOS HUMANOS DE LA CÁMARA DE DIPUTADOS:

   (2010) *Anteproyecto de Ley contra el Racismo y toda forma de Discriminación.*

   (2010) *Ley contra el Racismo y toda forma de Discriminación.* Ley N° 045 de 8 de octubre de 2010.

   (2011) *Reglamento.* Decreto Supremo N° 0762 de 5 de enero de 2011.

Estado Plurinacional de Bolivia. Consultado 12 octubre de 2012. Disponible en: http://www.gacetaoficialdebolivia.gob.bo/

-EDITORIAL (2011): "Libertad de Expresión y Ley contra el Racismo" En *Revista Boliviana de Derecho*, enero, no.11, p.3-4.

-GRATIUS, S. (2007): *La "tercera ola populista" de América Latina.* En "Working Paper", no. 45. FRIDE, Madrid, Octubre.

-MEZZADRA, S. (Comp.), (2008): *Estudios Postcoloniales. Ensayos Fundamentales.* En "Ciudad, globalización y flujos migratorios. Cómo se reinstalan las relaciones Norte-Sur en las metrópolis globales". Colegio Oficial de Arquitectos de Cádiz, Madrid. Consultado 1 noviembre 2012. Disponible en: http://www.oozebap.org/biblio/pdf/estudios_postcoloniales.pdf

-QUIROGA, J.; & FLORES, P.: *La lucha de los movimientos indígena originario campesinos por sus derechos como aporte fundamental en la construcción del actual proceso histórico boliviano.* Consultado 25 noviembre 2012. Disponible en: http://www.uasb.edu.ec/UserFiles/369/File/PDF/Actividadespadh/invusocias/quirogaflores.pdf

-REPÚBLICA DE BOLIVIA: *Constitución Política del Estado. Texto aprobado en el Referéndum Constituyente de enero de 2009.* Consultado 1 noviembre 2012. Disponible en: http://www.gacetaoficialdebolivia.gob.bo/

-TAPIA, L. (2010): "Consideraciones sobre el Estado Plurinacional". En *Descolonización en Bolivia. Cuatro ejes para comprender el cambio.* Vicepresidencia & fBDM, Estado Plurinacional de Bolivia. La Paz. pp. 135-168.

-VEGA CAMACHO, O. (2010): "Estado Plurinacional: elementos para el debate". En *Descolonización en Bolivia. Cuatro ejes para comprender el cambio.* Vicepresidencia & fBDM, Estado Plurinacional de Bolivia. La Paz. pp. 107-134.

Título:

Entre el Derecho y la Política.

Ensayos sobre la Justicia y las Transformaciones del Derecho en el Siglo XXI

Coordinadores:

Teresa Maria Geraldes Da Cunha Lopes /Alejandro Díaz Pérez

Edición:

Primera Edición

Fecha de Edición:

14 diciembre 2016

Diseño de Edición:

Pedro Emiliano Rusiles

Colección Transformaciones Jurídicas y Sociales Serie 14 no. 3

Financiamiento Proyecto CIC 2016 /UMSNH

Facultad de Derecho y Ciencias Sociales UMSNH / CAEC Derecho, Estado, Sociedad Democrática

ISBN-13: 978-1499509342

ISBN-10:1499509340

www.ingramcontent.com/pod-product-compliance
Lightning Source LLC
Chambersburg PA
CBHW051646170526
45167CB00001B/354